I0139687

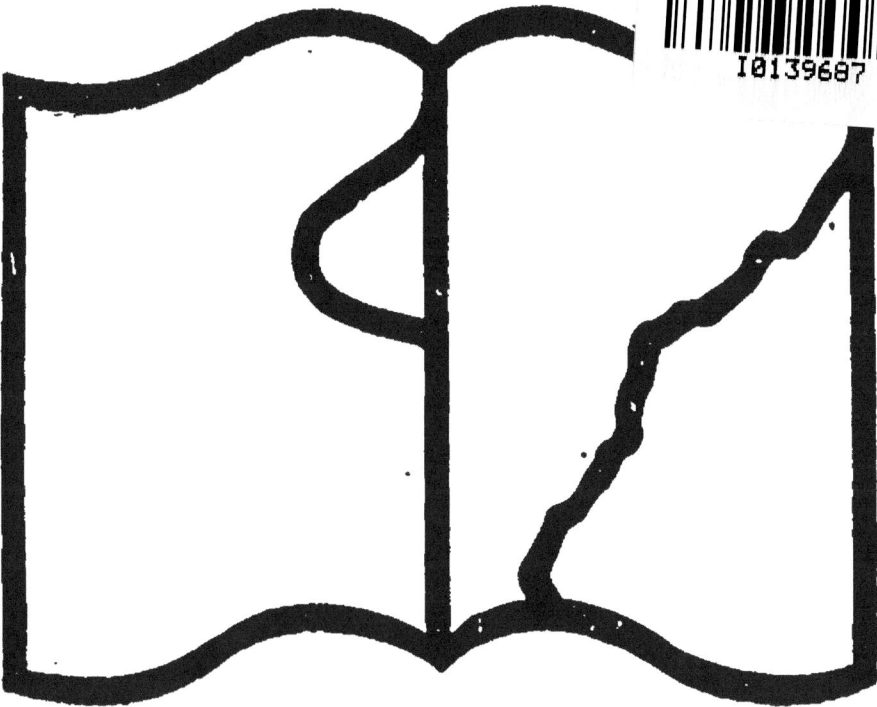

ALABLE POUR TOUT OU PARTIE DU
OCUMENT REPRODUIT

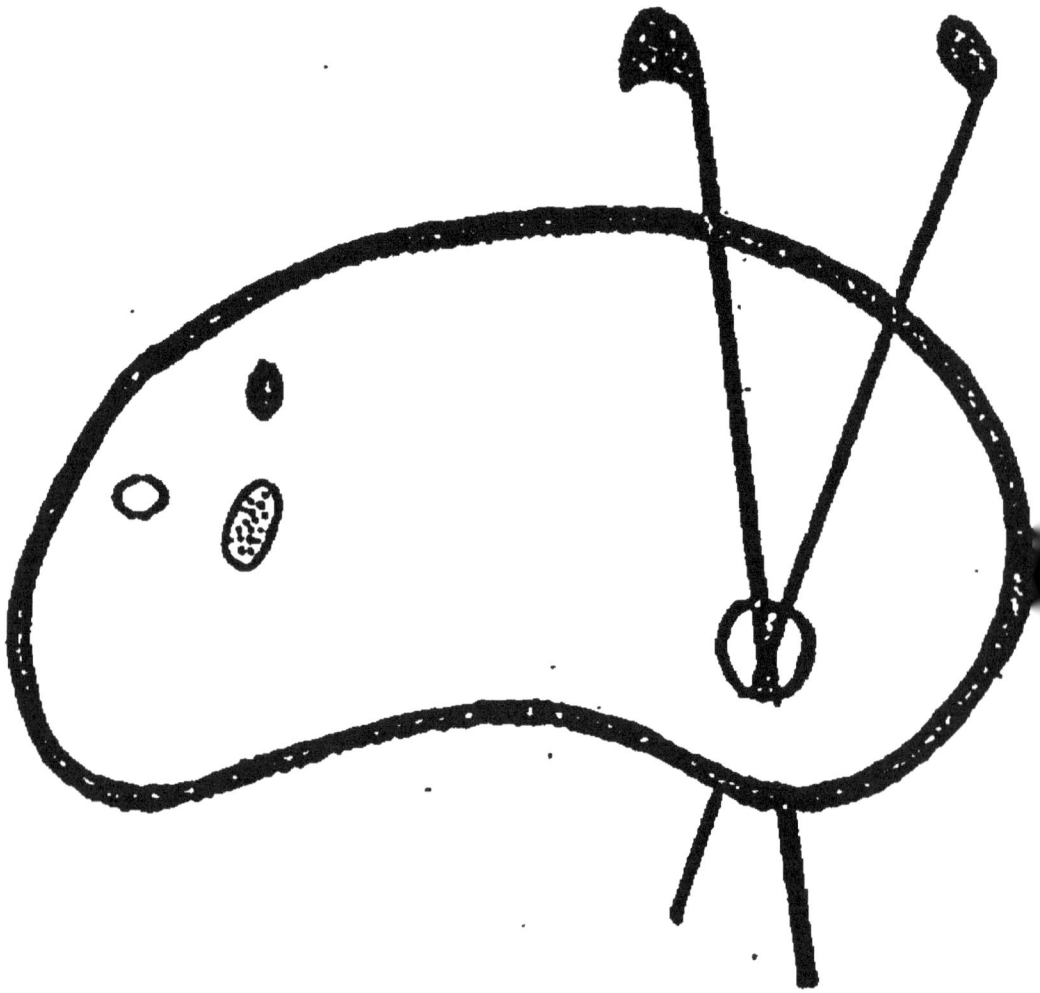

COUVERTURE SUPERIEURE ET INFERIEURE
EN COULEUR

GÉOGRAPH

DÉPARTEMENTALE HISTORIQUE

DE

L'OIS

à l'usage des Ecoles prir

PAR MM.

A. PINET,

Officier d'Académie, Inspecteur des Ecoles p

ET

AD. GUÉRARD,

Licencié ès-lettres, Maître de Pension à Avize

,

PARIS

LIBRAIRIE ÉLÉMENTAIRE DE E. DUCROCQ, ÉDI.
10, rue Hautefeuille, au premier.
ET CHEZ TOUS LES LIBRAIRES DU DÉPARTEMENT,

1855

rouve à la Librairie élémentaire de E. DUCROCQ,

10, rue Hautefeuille. — Paris.

Géographie générale et Géographie de la France, par C. Jubé de la Perrelle, chef du bureau des écoles des filles et des salles d'asile au ministère de l'instruction publique. 1 charmant vol. in-18 avec le dessin des races d'hommes, cart. 60 c.

Ouvrage approuvé par Monseigneur l'archevêque de Paris.

Nouvel Atlas de Géographie moderne, dessiné par C. Jubé de la Perrelle, composé de 10 cartes, grand in-8°, coloriées. Prix, cart. 2 fr. 50

GÉOGRAPHIES DÉPARTEMENTALES.

Aisne.	Loir-et-Cher.
Ardennes.	Loire-Inférieure.
Aube.	Manche.
Calvados.	Nord.
Cher.	Oise.
Côtes-du-Nord.	Orne.
Eure.	Pas-de-Calais.
Haute-Marne.	Seine-et-Marne.
Hérault.	Seine-et-Oise.
Indre-et-Loire.	Somme.

Abbeville. — Imp. T. Jeunet, rue Saint-Gilles, 103.

GÉOGRAPHIE

DÉPARTEMENTALE HISTORIQUE

DE

L'OISE.

Géographie générale et Géographie de la France, par C. JUBÉ DE LA PERRELLE, chef de bureau des écoles des filles et des salles d'asile au ministère de l'instruction publique. 1 charmant vol. in-18 avec le dessin des races d'hommes, cart. 60 c.

Ouvrage approuvé par Monseigneur l'archevêque de Paris.

Cet ouvrage, réuni à la **Géographie du département de l'Oise,** 1 fort vol. cart. 75 c.

Nouvel Atlas de Géographie moderne, dessiné par C. JUBÉ DE LA PERRELLE, composé de 10 cartes, grand in-8°, coloriées. Prix, cart. 2 fr.

GÉOGRAPHIES DÉPARTEMENTALES.

Géographie départementale du Loiret, suivie d'un **Précis** de Géographie générale, à l'usage des Ecoles primaires, par MM. A. PINET, Inspecteur de l'Enseignement primaire, et AD. GUÉRARD, Maître de Pension. 1 fort vol. de 220 pages. Prix, cart. 75 c.

Notice géographique, historique et statistique sur le département de l'**Hérault,** par un ami de l'enfance. 1 vol. in-12 de 36 pages. 30 c.

Petit Manuel géographique des Côtes-du-Nord, par un ami de l'enfance, brochure de 36 pages, in-12. 30 c.

Géographie historique départementale de Seine-et-Oise, suivie d'un **Précis** de Géographie générale, à l'usage des Ecoles primaires, par MM. A. PINET, ancien élève de l'école normale de Versailles, et A. GUÉRARD, 1 fort vol. de 220 pages. Prix cart. 75 c.

GÉOGRAPHIE

DÉPARTEMENTALE HISTORIQUE

DE

L'OISE

à l'usage des Écoles primaires.

PAR MM.

A. PINET,

Inspecteur de l'Enseignement primaire, Officier d'Académie,

ET

AD. GUÉRARD,

Licencié-ès-lettres, Maître de Pension, à Avise (Marne).

PARIS

LIBRAIRIE ÉLÉMENTAIRE DE E. DUCROCQ, ÉDITEUR,

10, rue Hautefeuille, au premier.

ET CHEZ TOUS LES LIBRAIRES DU DÉPARTEMENT.

—

1855

Tout exemplaire non revêtu de la griffe des auteurs et de la griffe de l'éditeur, est réputé contrefait.

Abbeville. — Imp. Jeunet, rue Saint-Gilles, 108.

PRÉFACE.

AUX ENFANTS DE L'OISE.

A vous, chers enfants, à vous ce petit traité !

C'est pour vous qu'il est composé, pour vous aplanir les difficultés que présente à votre âge l'étude de la géographie.

Laissez-nous vous prendre par la main, et vous montrer d'abord, avec quelques détails, le pays où vous êtes nés, celui que vous habiterez, celui où vous mourrez peut-être.

Puis, continuant notre route, sortant de votre village, de votre pays, quittant les bords de votre rivière ou de votre ruisseau, allons à distance explorer des lieux plus éloignés ; nous arriverons ainsi à des notions générales sur notre belle France, et enfin sur tout le globe que nous habitons.

Appliquez-vous à cette étude, chers enfants !

Nous serons bien heureux, si nous avons pu vous plaire et vous instruire.

LES AUTEURS.

INTRODUCTION.

Inspirer à la jeune génération l'amour du pays qui l'a vue naître, lui faire apprécier les hommes qui ont contribué à son amélioration physique et matérielle, tel est le double but de ce petit ouvrage, qui répond d'ailleurs parfaitement à la pensée du gouvernement. En effet, on lit dans le programme d'enseignement des écoles normales primaires, l'article VI, ainsi conçu :

« Cinq leçons auront pour objet les notions préliminaires ; six la géographie générale de l'Europe ; cinq la géographie des autres parties du monde, et *vingt-quatre* la géographie de la *France*. *Six* au moins de ces dernières traiteront du *département* auquel appartient l'école ; elles indiqueront les principaux événements historiques dont il a été le théâtre, les hommes célèbres qu'il a vus naître et qui ont bien mérité du pays par leurs services, leurs talents et leurs vertus; elles feront connaître les productions, l'industrie, les arrondissements, les cantons, les villes, les localités remarquables, les monuments, les curiosités naturelles du département. »

Pas un homme de bien, pas un lieu remarquable n'est oublié dans cette monographie, un des plus intéressants livres de lecture courante qu'on puisse mettre entre les mains des enfants de l'Oise, un de nos départements les mieux partagés sous le triple rapport de son enseignement primaire, du nombre de ses bienfaiteurs et de ses curiosités naturelles.

Ce sont les heureux résultats obtenus dans les écoles du Loiret, de Seine-et-Oise, de Seine-et-Marne, etc., par les géographies consacrées à ces départements, qui ont engagé à faire celle de l'Oise. Ce petit travail ne manquera pas d'atteindre le même but et de produire le même effet.

DÉPARTEMENT

DE

L'OISE.

Population : 406,028 habitants.
Superficie : 589,036 hectares.

1. — Notions historiques.

Avant la conquête romaine, le territoire qui forme aujourd'hui le département était occupé par les *Bellovaci* et les *Sylvanectes*, peuples qui faisaient partie de l'ancienne Belgique, et qui, sous la domination impériale, furent rangés dans la *seconde Belgique.* — D'après César, les Bellovaci étaient les plus braves d'entre les Belges; ils mirent sur pied jusqu'à 100,000 combattants. Leur principale cité était *Bratuspantium*, ville antique qui paraît avoir été située près du lieu où est Breteuil aujourd'hui. Les Ro-

mains bâtirent *Cæsaromagus* (aujourd'hui Beauvais), qui devint par la suite capitale du Beauvoisis. Les exactions de l'administration romaine, les incursions des Francs, des Saxons et
des autres barbares dévastèrent tellement la
seconde Belgique, que pour la repeupler Constance Chlore dut permettre aux Francs de venir
y habiter. — Cette province fut conquise par
Clodion. — Chilpéric se fit couronner à Beauvais en 471. Le Beauvoisis fut plusieurs fois ravagé par les Normands. Il fut ensuite dévasté
par les Anglais. — Puis vinrent les troubles de
la Jacquerie. — A cette époque le pays se trouva
presque aussi entièrement dépeuplé que du
temps de Constance Chlore. — Sous Charles VI,
le Beauvoisis tomba au pouvoir du duc de
Bourgogne. Les Anglais s'en emparèrent ensuite, mais ils en furent chassés par Charles
VII. De nouveaux désastres le frappèrent
pendant les guerres civiles et religieuses du
XVIᵉ siècle. — En 1700, il faisait partie de l'Ile-
de-France. — Le pays des *Sylvanectes*, dont
Augustomagus (depuis Senlis) était le chef-lieu,
forma, sous les rois de France, un comté par-
ticulier, connu sous le nom de *Comté de Senlis*,
qui faisait partie du duché de Valois, et avait sa
coutume particulière. Le Valois, dont Crépy
était la capitale, fut réuni à la couronne par
Philippe-Auguste, donné par Philippe-le-Hardi,

en 1284, à Charles son fils cadet; érigé en duché par Charles VI en 1402, et déclaré pairie par Louis XIV. Il appartenait encore à la famille d'Orléans en 1789.

2. — Topographie.

DÉNOMINATION. — Le département de l'Oise, l'un des plus beaux, des plus riches et des plus industrieux de la France, tire son nom de la rivière d'Oise, qui traverse son territoire du N.-E. au S.-O.

FORMATION. — Il est formé de parties très-diverses, empruntées à l'ancienne *Ile-de-France*, à la *Picardie*, au *Soissonnais*, au *Valois*, et pour une très-faible portion à la *Normandie*.

LIMITES. — Les bornes de ce département sont :

Au N., le département de la Somme;

Au S., ceux de Seine-et-Marne et de Seine-et-Oise;

A l'E., le département de l'Aisne;

A l'O., les départements de l'Eure et de la Seine-Inférieure.

ÉTENDUE. — Sa plus grande longueur, de l'E. à l'O., est de 100 kilomètres, et sa plus grande largeur, du N. au S., de 70 kilomètres.

RIVIÈRES. — Il est compris dans les bassins de la Seine et de la Somme. Ses cours d'eau les plus remarquables sont : l'*Oise*, l'*Aisne* et l'*Ourcq*.

1° L'*Oise* a ses sources près de Chimay, en Belgique, et près de Rocroy, dans le département des Ardennes, traverse le département de l'Aisne, et entre dans celui de l'Oise, où elle passe, sur un parcours de 90 kilomètres environ, à *Noyon, Ribecourt, Compiègne, Pont-Sainte-Maxence* et *Creil;*

2° L'*Aisne* a sa source à Somme-Aisne, sur les confins des départements de la Meuse, des Ardennes, de l'Aisne, et entre dans celui de l'Oise, qu'elle baigne sur une étendue de 20 kilomètres seulement, passant à *Attichy, Rethondes, Choisy-au-Bac;*

3° L'*Ourcq* commence à Fresnes au S.-E. de Fère-en-Tardenois, arrondissement de Château-Thierry (Aisne), et entre dans le département de l'Oise, où elle passe sur une étendue de 12 kilomètres seulement, à *Mareuil-sur-Ourcq*, où est son point de prise d'eau.

Un grand nombre de petites rivières et de ruisseaux, affluents des rivières principales, se trouvent encore dans le département, entr'autres le Thérain, l'Automne, la Nonette, la Thève, la Verse, le Matz, l'Aronde, la Bresle et l'Epte.

CANAUX. — Le département a deux canaux : 1° Le canal *latéral à l'Oise*, qui commence à

Joinville et se termine dans le département de l'Aisne, à Chauny, où il joint le canal de Saint-Quentin sur son ancienne branche, dite *Canal Crozat*;

2° Le *Canal de l'Ourcq*, qui commence à Mareuil, canton de Betz, et conduit les eaux de la petite rivière d'Ourcq dans celles de la Seine, après avoir traversé trois départements.

MONTAGNES. — Ce département n'a pas de montagnes proprement dites; la chaîne de collines la plus étendue est celle de Bray. Les côteaux de l'Oise ne dépassent pas 200 mètres à leur point culminant, la montagne de Verberie.

FORÊTS. — L'Oise renferme de belles et vastes forêts, qui occupent environ le sixième du sol, et parmi lesquelles on distingue celle de Compiègne de 14,000 hectares; celle d'Ermenonville de plus de 5,000; celles d'Halluto, de Chantilly, etc.

ROUTES, CHEMINS VICINAUX, CHEMINS DE FER. — Le département est sillonné par 13 routes nationales, 30 routes départementales, un grand nombre de chemins vicinaux, et deux chemins de fer;

1° Celui de *Paris à la frontière de Belgique*, connu sous le nom de *Chemin de fer du Nord*;

2° Celui qui s'embranche sur celui du Nord, de Creil à Saint-Quentin.

Une autre ligne doit aller de Creil à Beauvais par la riche et industrieuse vallée du Thérain, sur un développement de 38 kilomètres seulement.

SOL. — Le sol repose sur un fond calcaire qui, dans certaines localités, laisse apercevoir une grande quantité de silex. Il renferme des couches épaisses de coquillages fossiles. La partie végétale se compose généralement de terres grasses et riches.

TEMPÉRATURE. — Le climat est généralement sain et tempéré, excepté dans les parties qu'avoisinent les quelques marais assez étendus, où l'air est fréquemment chargé de vapeurs humides et malsaines.

CARACTÈRE, MŒURS. — Les habitants de ce département sont trop voisins de la capitale pour que l'originalité de leurs mœurs soit bien prononcée. Ils sont robustes, grands et bien faits ; ils ont l'imagination vive, un peu d'entêtement, le goût du travail et de l'industrie, de l'aptitude pour le commerce, et de la modération dans leurs désirs.

L'Instruction primaire est très développée dans ce département.

3. — Productions.

Nous classerons les diverses productions de ce département, comme toutes celles de la nature, en trois règnes : le *règne animal*, le *règne végétal* et le *règne minéral.*

1° RÈGNE ANIMAL. — Les bêtes fauves, le gibier de grande et de petite espèce (cerfs, chevreuils, sangliers, etc.), les animaux carnassiers et malfaisants sont très-multipliés dans les forêts du département. Le gibier ailé n'est pas moins abondant que le gibier à poil. Le pays renferme aussi un grand nombre d'oiseaux de proie. Les races d'animaux domestiques se perfectionnent de jour en jour; les bêtes à cornes et les bêtes à laine sont particulièrement l'objet des soins les mieux entendus. L'Oise donne de très-belles aloses, et plusieurs autres rivières sont abondantes en poisson. Les étangs et les marais fournissent des sangsues dont on fait un commerce assez étendu avec Paris; enfin des écrevisses excellentes et très-grosses, des anguilles se trouvent sur les bords de différents cours d'eau, notamment de l'Oise. On élève beaucoup d'abeilles dans le canton de Songeons; leur miel est envoyé en Flandre, où il sert à la composition de l'hydromel (sorte de breuvage fait d'eau et de miel).

2° RÈGNE VÉGÉTAL. — Les essences les plus nombreuses dans les forêts sont : le chêne, le charme, le hêtre et le bouleau. Le pays, soumis à une culture perfectionnée, produit toutes les céréales, tous les légumes, toutes les plantes oléagineuses et textiles. Les fruits y sont excellents; on estime surtout les cerises de Liancourt et Clermont; les fèves larges de Liancourt et les artichauts de Senlis, qui ne le cèdent en rien à ceux de Chauny. Les vignobles ne fournissent qu'un vin faible, peu généreux et dépourvu de principe alcoolique. On estime pourtant le vin blanc de Villers-Saint-Sépulcre.

3° RÈGNE MINÉRAL. — Le département renferme des tourbières riches et d'excellente qualité, ainsi que des couches abondantes de terres sulfureuses et pyriteuses, dont on extrait le sulfate de fer et de l'alun. On exploite des carrières de marbre lumachelle, de marbre gris, de pierres de taille dites de Saint-Leu, de pierres meulières, de grès dur propre au pavage des villes et des routes, de pierre tendre analogue au tuf, qui le taille facilement dans sa carrière et qui se durcit à l'air en blanchissant, de silex ou pierre à fusil, de gypse ou plâtre, de pierre calcaire d'excellente qualité, d'argile propre à faire des creusets, de sable qui est utilement employé à la fabrication des glaces, etc.

EAUX MINÉRALES. — Le département n'a pas d'établissement d'eaux thermales, mais il y a un assez grand nombre d'eaux ferrugineuses froides, dont les principales sont situées à Beauvais, Mareuil, Serans, Saint-Cyr, Verberie, Attichy, Chantilly, Auteuil, etc.

4. — Industrie.

On distingue communément l'*industrie agricole*, l'*industrie manufacturière* et l'*industrie commerciale* :

1° Industrie agricole. — L'agriculture est en grande voie de progrès sur tous les points du département. La récolte des céréales offre un excédant considérable sur la consommation. La culture maraîchère fait également de grands progrès. Les légumes qu'elle produit ont un débouché certain sur les marchés de la capitale. Les prairies artificielles, les plantations de poiriers et de pommiers sont très-répandues, on fabrique une grande quantité de cidre. L'élève des bêtes à cornes offre aussi de grandes ressources ; surtout l'engrais de veaux que l'on nourrit de fleur de farine délayée avec du lait. Ces veaux, connus à Paris sous la dénomination générale de *veaux de Pontoise*, et recherchés sur la table sous les noms de *veaux de lait* et de *veaux de rivière*, ont la chair blanche et grasse, et d'une grande délicatesse. On fait beaucoup de beurre et de fromage. Le beurre d'Auneuil et celui de Songeons sont estimés ; les fromages de Songeons, de Neufchâtel, d'Orvillé, de Boulogne, etc., ont de la réputation.

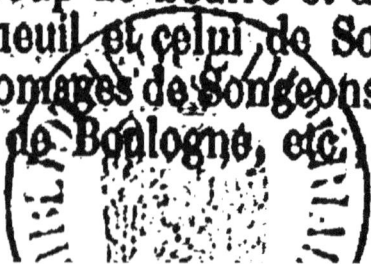

On engraisse des porcs d'une belle espèce et un grand nombre de volailles. On emploie, comme engrais, outre celui qui provient des animaux, la cendre de tourbe, la marne et le gypse.

2° INDUSTRIE MANUFACTURIÈRE. — Le département est un de ceux dont l'industrie s'exerce sur les objets les plus variés. En première ligne figure la vaste fabrique de lainages de Beauvais pour les draps, les couvertures, les châles, les mérinos, etc., la belle manufacture nationale de tapisseries (genre des Gobelins), fondée en 1664, par Colbert; la manufacture particulière de tapis de pied. Dans un grand nombre de localités, des fabriques de blondes blanches et noires et de dentelles. Les tréfileries, les tôleries, les ferblanteries, ont aussi quelque importance. Méru est le centre d'une fabrication considérable de tabletterie, dont les produits sont expédiés sur Paris, en Espagne, en Portugal et en Amérique. Les environs de la forêt de Compiègne fabriquent de la boissellerie, et spécialement des sabots. Il existe également dans l'Oise des tanneries, des corroieries, des fabriques importantes de porcelaines et de poteries, etc. A Chantilly, à Creil, à Savignies, des papeteries, des tanneries, etc.; enfin le département, dont nous ne pouvons énumérer ici toutes les industries remarquables, possède près de 50 établissements dans lesquels il est fait usage de machines à vapeur.

3° INDUSTRIE COMMERCIALE. — L'industrie étant très-importante dans ce département, le commerce est riche et très-étendu. Il consiste dans les produits considérables des diverses manufactures, en grains, cidre, fruits, légumes, bestiaux, volailles, marbre lumachelle, pierre de taille de Saint-Leu et autres, tourbes, lignites, etc. L'exportation de ses produits représente, chaque année, une somme de plus de 15 millions de francs.

Division politique et administrative[1].

Le département de l'Oise, chef-lieu Beauvais, se divise en 4 arrondissements, subdivisés en 35 cantons, comprenant 700 communes, savoir :

Arrondissements.	Cantons.	Communes.	Population.	Sup. en hect.
BEAUVAIS,	12	242	133,837	193,962
Clermont,	8	168	90,817	131,430
Compiègne,	8	157	98,807	129,429
Senlis.	7	133	82,567	134,235
	35	700	406,028	589,056

(1) La Population est exactement conforme à celle de l'annuaire du département pour 1855.

Arrondissement de Beauvais.

Cet arrondissement, qui occupe tout l'O. du département, a pour bornes au N. le département de la Somme ; au S. le département de Seine-et-Oise ; à l'E. les arrondissements de Clermont et de Senlis, et à l'O. les départements de l'Eure et de la Seine-Inférieure.

Il est arrosé par l'Epte et le Thérain, la Troësne, l'Avelon, la Bresle, etc.

Il présente au N. une grande plaine cultivée en céréales ; à l'O., entre la vallée de Bray et celle de Thérain, un pays tourmenté, consacré à l'éducation des bestiaux. Le midi de l'arrondissement offre des plateaux inclinés, consacrés aussi à la culture des céréales ; les parties sablonneuses sont boisées.

Il est composé de 12 cantons ou chefs-lieux de justices-de-paix renfermant 242 communes.

Cantons.	Communes.	Population.	Sup. en hect.
BEAUVAIS (Nord)	8	12,192	
— (Sud)............	3	9,897	
Auneuil	20	10,466	
Chaumont.....................	37	13,761	
Formerie.....................	23	10,273	
Grandvilliers	23	12,900	193,962 hectares.
Le Coudray-Saint-Germer.	18	10,762	
Marseille	19	10,022	
Méru........................	20	10,856	
Nivillers...................	21	10,017	
Noailles	22	10,982	
Songeons....................	28	10,709	
	242	133,837	193,962

Canton et ville de Beauvais, Nord et Sud (11 Communes).

Beauvais N.	h.	Beauvais S.	h.
BEAUVAIS............	14216	Savignies............	662
Fouquenies..........	209	Allonne	1630
Herchies............	281	Goincourt...........	559
Marissel............	907	Saint - Martin - le -	
Notre-Dame du Thil	1396	Nœud............	835
Saint-Just-lès-Ma-rais	667		

BEAUVAIS, chef-lieu du département, à 72 kilomètres N.-N.-O. de Paris, est situé dans un riche vallon entouré de collines boisées, au confluent de l'Avelon et du Thérain, qui baigne une partie de son enceinte, circule dans son intérieur, et se divise en plusieurs branches et canaux, très-favorables à l'exploitation des diverses manufactures. Cette ville est généralement mal bâtie; la plupart des maisons sont construites en bois, argile et mortier; mais on est frappé de la multitude d'ornements et de sculptures en bois qui décorent, à l'extérieur, ces habitations. Une grande partie des rues sont mal percées, mais en général elles sont propres; les maisons n'y sont point alignées. Au centre se trouve l'ancienne ville, désignée encore sous le nom de *Cité*. Jusqu'en 1803, Beauvais fut entourée de remparts et de fossés; ces remparts furent alors remplacés par de beaux boulevards qu'ombragent quatre rangs d'arbres, bordés d'un canal d'eau vive, et qui offre de charmantes promenades.

Les principaux monuments de cette ville sont :

La *Cathédrale*, monument ogival du premier ordre, quoique inachevé; le chœur et l'abside sont des chefs-d'œuvre; les voûtes hardies accompagnent dignement les magnifiques verrières;

L'église antique de la *Basse-Œuvre*, monument mérovingien, une des plus rares basiliques du style roman primitif;

L'église *Saint-Etienne*, dont les vitraux sont d'une belle exécution;

L'*Hôtel-de-Ville*, bâti dans le genre italien, un des plus beaux édifices de Beauvais;

Le *Palais épiscopal*, édifice d'une antique construction;

Le *Collége* établi dans l'ancien couvent des Ursulines;

La *Manufacture nationale de tapisseries*, où l'on exécute des meubles d'une fraîcheur, d'un coloris inimitable, et qui date de 1664, sous Colbert;

La *Bibliothèque publique*, placée dans les bâtiments du collége, et renfermant plus de 7,000 volumes;

Les *Hôpitaux* de l'Hôtel-Dieu, dit de Saint-Jean, et le *Bureau des pauvres*.

On remarque encore dans cette ville le quartier de cavalerie, la salle de spectacle, le bâtiment où siége la cour d'assises, etc.

HISTORIQUE. — Cette très-ancienne ville appartenait aux *Bellovaci*, dont elle était la capitale; les Romains la nommèrent *Cæsaromagus*. Au vᵉ siècle, après la chute de l'empire romain, elle reprit son ancien nom de *Civitas Bellovaci*, dont par corruption on a fait Beauvais. Chilpéric s'en empara en 471. Dans le ixᵉ siècle les incursions des Normands furent désastreuses pour cette ville, où ils commirent d'affreux dégâts, et dont ils firent en 883 leur quartier d'hiver. En 886 un incendie ravagea Beauvais. Les Normands la pillèrent en 923 et en 925, et la brûlèrent en 1013; en 1109 Louis-le-Gros la prit après deux ans de siége. Un nouvel incendie la dévasta en 1186. Sous le règne du roi Jean, et sous la régence de son fils, les paysans, réduits au désespoir, s'armèrent, et un capitaine de Beauvais, Jacques, prit le commandement des insurgés et donna son nom à cette guerre (la Jacquerie). — Les Anglais l'assiégèrent sans succès en 1433. En 1472 Charles-le-Téméraire, duc de Bourgogne, vint attaquer cette ville à la tête de 80,000 hommes; il fut repoussé par les habitants. — Jeanne Laîné, dite Fourquet, et surnommée Jeanne Hachette après le siége, et qui s'était mise à la tête des femmes et des bourgeois, se distingua particulièrement dans cette défense.

Beauvais a vu naître :

Loisel, médecin de Louis XII et de François Ier; l'abbé *Dubos*, historien; *Restaut*, grammairien; *Lenglet-Dufresnoy*, savant érudit dans les langues latine et française; *Seguier de Saint-Brisson*, magistrat et helléniste; *Ducancel*, auteur dramatique; *Serou d'Agincourt*, antiquaire; *Philippe de Crevecœur*, maréchal de France; *Jean et Philippe de Villiers de l'Ile*

Adam, grands maîtres de l'ordre de Saint-Jean de Jérusalem ; *Vincent de Beauvais*, savant dominicain, etc.

INDUSTRIE. — Ses manufactures de draps, de serges, de flanelles, de toiles fines, de dentelles noires en soie, et sa bonneterie occupent un grand nombre d'ouvriers ; celle de tapisserie établie sous Louis XIV par Colbert, et celle des tapis de pieds, ne le cèdent qu'aux manufactures des *Gobelins* et de la *Savonnerie*, etc. Le sulfate de fer (couperose verte) et la faïence qu'on fait dans les environs sont fort estimés.

COMMERCE de grains, vins, eaux-de-vie, chevaux, bestiaux, tissus divers et autres articles de ses nombreuses fabriques.

Préfecture, tribunal civil, tribunal de commerce, collège communal, évêché érigé dans le III° siècle, et suffragant de l'archevêché de Reims ; société académique d'archéologie, sciences et arts ; athénée du Beauvoisis, fondé le 24 août 1843 ; société d'agriculture. Il y a un institut agricole à Merles.

Un chemin de fer doit aller de Creil à Beauvais et passer à travers la riche et industrieuse vallée du Thérain.

Allonne, bourg sur le ruisseau de Berneuil, a une église remarquable par son clocher et les restes de son portail primitif. L'édifice paraît dater des premiers temps de l'architecture romane. Il existe à Bongenouil, hameau de cette commune, une immense carrière, d'où l'on a tiré, dit-on, les pierres qui ont servi à la construction de la cathédrale de Beauvais. — Tanneries, moulins à blé, à foulon et à tan.

Goincourt, dans une charmante position sur les rives de l'Avelon. — Fabrique de sulfate de fer (couperose verte) renommée; faïencerie; eaux minérales ferrugineuses.

Marissel, un des lieux de réunion et de promenade les plus fréquentés par les habitants de Beauvais. Eglise remarquable, de style ogival du XV° siècle. — On a trouvé en 1675 des vestiges considérables d'un temple de Bacchus, sur un monticule appelé le Mont-Caperon. — Carrières de pierre tendre, mines de sable et d'argile.

Notre-Dame-du-Thil. On voit au hameau de Saint-Lucien les restes de la célèbre abbaye du même nom, qui servit de retraite à un grand nombre de Bourguignons après leur défaite en 1472. Cette abbaye avait été fondée au VI° siècle par Childebert, roi de France. Elle fut dévastée par les Anglais en 1346. Ce furent les stalles de cette abbaye qui fournirent à Callot toutes les bizarreries qu'il consigna dans sa tentation de saint Antoine et dans ses autres dessins.

Saint-Just-les-Marais avait anciennement un couvent de Prémontrés et un de Cordeliers. Saint-Just a encore quelques vestiges de ses murs et de ses fossés. — Manufacture de toiles peintes, passementeries, blanchisseries de toiles, apprêt pour les draps, filature de laine, poteries, briqueteries. Il existe, au hameau de Montigny, un fort bâti par Philippe-le-Bel.

Savignies, pays renommé par ses poteries, qui sont connues de toute antiquité. Un ancien usage voulait que, lors du passage des rois de France à Beauvais, on leur présentât des poteries de Savignies. On en présenta à Louis XII et à François Ier.

Canton d'Auneuil (20 Communes).

	h.		h.
Auneuil	1209	Porcheux	162
Auteuil	432	Rainvillers	405
Beaumont	479	Saint-Germain-la-Po-	
Berneuil	662	terie	440
Frocourt	275	Saint-Léger-en-Bray	249
Jouy-sous-Thelle	818	Saint-Paul	770
La Houssoye	432	Troussures	190
La Neuville-Garnier	870	Valdampierre	804
Le Mesnil-Theribus	366	Villers-Saint-Barthé-	
Le Mont-St-Adrien	370	lemy	626
Ons-en-Bray	1078	Villotran	221

Auneuil, chef-lieu de canton, à 12 kilomè-

tres S.-S.-O. de Beauvais ; ce bourg, au pied
d'une colline, était autrefois défendu, au xi°
siècle, par une forteresse aujourd'hui détruite.
Dans le même siècle, un prieuré y fut fondé
par les moines de Marmoutiers. Le site d'Auneuil est enchanteur par les prairies, les bois et
les belles plantations qui l'environnent.

Il est surtout remarquable par une belle fontaine et par son ancien château, qui servait autrefois de forteresse.

Patrie de *Lebrun*, peintre célèbre, l'un des
chefs de l'école française.

Fabriques de blondes, dentelles ; éducation
en grand des abeilles.

Beaumont-lès-Nonains tire son nom d'un couvent de femmes qui y fut établi au xii° siècle, et
détruit dès 1185. A la ferme de *Marchiroux* était
jadis une abbaye dont l'église, vaste et belle, s'é-
croula en 1615. On en voit encore les ruines qui
sont de style ogival du xiii° siècle.

Frocourt était considérable autrefois. Son
château, qui est entouré de fossés avec pont-levis,
fut, dit-on, bâti par François I°r. Il fut pris
et repris pendant les guerres de la Ligue, au
xvi° siècle. Selon quelques traditions, la Jacquerie du xiv° siècle commença à Frocourt.

Jouy-sous-Thelle était une terre considérable ;

il en relevait 180 fiefs. Le fort fut pris en 1432 par les Bourguignons. Le château présente des constructions féodales et renaissance, qui en font un tout curieux. L'Eglise a conservé quelques vitraux. — Fabrique de dentelles noires.

Ons-en-Bray, commune composée de onze hameaux et écarts, dans la vallée de Bray. Les seigneurs d'Ons avaient jadis la garde du pays de Bray. On a découvert, il y a une douzaine d'années, un vaste tombeau gaulois au S. du hameau de *Trou-Marot*.

Saint-Germain-la-Poterie tire son nom de ses nombreuses et anciennes fabriques de tuiles. Autrefois prieuré de l'ordre de Grammont fondé au XIII° siècle à la ferme des Bons-Hommes. — Fabrique de couperose, de couleurs jaune et rouge d'Italie, tuilerie.

Saint-Paul avait autrefois une célèbre abbaye de Bénédictins des plus anciennes et des plus belles du royaume, fondée vers 1030. Il ne reste plus de l'église que la porte ogivale. — Fabrique de faïence blanche et brune. A peu de distance, au *Bequet*, est une fabrique de couperose et une source d'eaux minérales.

Valdampierre, Fabrique de blondes de soie.

Canton de Chaumont-en-Vexin (37 Communes).

	h.		h.
CHAUMONT	1265	Jamericourt	128
Bachivillers	205	Lattainville	130
Boissy-le-Bois	220	La Villetertre	393
Boubiers	334	Liancourt-St-Pierre	675
Bouconvillers	200	Lierville	193
Boury	501	Loconville	177
Boutencourt	313	Marquemont	438
Chambors	320	Montagny	235
Courcelles-lès-Gisors	706	Montjavoult	654
Delincourt	553	Parnes	436
Enencourt-Léage	186	Reilly	191
Enencourt-le-Sec	145	Senots	235
Eragny	572	Serans	374
Fay	257	Thibivillers	293
Fleury	276	Tourly	166
Fresnes-Léguillon	481	Trie-Château	900
Hadancourt-le-Haut-Clocher	338	Trie-la-Ville	855
		Vaudancourt	311
Hardivillers	118	Villers-sur-Trie	282

Chaumont, chef-lieu do canton, à **27** kilomètres S.-S.-O. de Beauvais. Ce joli bourg est agréablement situé sur la Troësne, au pied et sur la pente d'une montagne. Placé sur les limites de la Normandie, Chaumont joua un rôle important dans les guerres que les Normands et les rois d'Angleterre soutinrent contre la France jusque vers 1260. Les rois de France y avaient fait élever un château-fort qui dominaît le pays. De forme elliptique, il était composé de dix tours reliées par une forte muraille ; il n'en reste plus que le souvenir. — Brûlé par les Normands en 1140, et par les Anglais en 1167, Chaumont s'étendit dans la vallée, et fut alors fermé par trois portes dont l'une existait encore il y a quelques années. L'église *Saint-Jean-Baptiste* date de 1417 ; elle est bien bâtie et d'une architecture gothique très-légère. Le château de *Bertichères*, qui dépend de Chaumont, servait de résidence aux anciens comtes. Ce monument présente un aspect antique. *Caillouet*, hameau dépendant de Chaumont, était autrefois un couvent de Trinitaires, fondé en 1600.

Fabriques d'instruments de musique en bois et en cuivre, fours à chaux ; fabriques de blondes, commerce de bois, grains et fourrages.

Boury était autrefois une forteresse qui soutint un siége et fut enlevée de force, en 1198, par Richard-Cœur-de-Lion. — Cet ancien château a été remplacé, en 1635, par un autre château, vaste et régulier, dont on attribue la construction à Mansard. 280 fiefs relevaient de la terre de Boury, baronnie sous Henri III, et marquisat en 1687.

Courcelles-lez-Gisors a été le théâtre de la bataille de ce nom, livrée en 1198, entre Philippe-Auguste et Richard-Cœur-de-Lion.

Enencourt-Léage a un clocher revêtu d'ornements de style gothique et haut de 20 mètres.
— Fabriques de dentelles noires. Fours à
chaux.

Fresnes-Léguillon. On y voit les restes d'un
vieux et petit château flanqué de deux tourelles,
qui appartenait au prince de Conti.

Montjàvoult tire son nom de ce qu'il y avait
autrefois sur son territoire un temple consacré à
Jupiter. — Ce village, sur une butte, est un des
points les plus élevés du pays.

Parnes a une église de style gothique, et
l'une des plus remarquables du canton par sa
grandeur et sa belle construction. — Carrières
de pierres à bâtir, où l'on trouve des fossiles
en abondance. Le beau château d'*Halincourt*
dépend de cette commune.

Trie-Château, au confluent des rivières de
Troësne et d'Aunette, fut autrefois une place
importante. On voit encore une des portes de
son enceinte. Le château était très-remarqua-
ble. L'église de Trie, dont la forme est celle
des plus vieilles basiliques, est un des plus anciens monuments du département, et peut-être
de la France. — Cuirs passés en buffles. — Sur
le territoire de cette commune était l'abbaye de
Gomerfontaine, de l'ordre de Citeaux, fondée en

1209 par Hugues, comte de Chaumont et connétable de France. Près de Gomerfontaine, dans le bois de la Garenne, on voit un monument druidique appelé les *Trois-Pierres*.

Trie a vu naître *Charles-François Dupuis*, auteur de l'*Origine de tous les cultes*.

Canton de Formerie (23 Communes).

	h.		h.
FORMERIE	1264	Lannoy-Cuillère	451
Abancourt	666	Moliens	1045
Blargies	591	Montceaux-l'Abbaye	262
Boutavent	153	Mureaumont	308
Bouvresse	147	Omecourt	297
Broquiers	254	Quincampoix	235
Campeaux	824	Romescamps	856
Canny-sur-Thérain	295	Saint-Arnoult	620
Escles	284	Saint-Samson	453
Fouilloy	290	Saint-Vallery	156
Gourchelles	225	Villers-Vermont	296
Héricourt-Saint-Sanson	252		

Formerie, chef-lieu de canton, à 42 kilomètres N.-N.-O. de Beauvais. Ce bourg est situé dans une plaine élevée et renommé pour la propreté des habitations champêtres de ses environs.

Fabriques de bonneterie de laine et de soie, brasserie, teinturerie. Commerce de grains, étoffes, bestiaux.

Campeaux. Fabriques de bonneterie et de lunettes.

Canny-sur-Thérain. Fabrique de verres à lunettes.

Romescamps, construit sur l'emplacement d'un camp romain, où l'on a trouvé des médailles et autres objets d'antiquité. — Fabriques de serge.

Canton de Granvilliers (23 Communes).

	b.		b.
GRANDVILLIERS	1866	La Vacquerie	487
Beaudeduit	500	La Verrière	106
Briot	497	Le Hamel	352
Brombos	361	Le Mesnil-Conteville	277
Cempuis	567	Offoy	235
Dameraucourt	449	Saint-Maur	553
Dargies	581	Saint-Thibault	715
Elencourt	180	Sarcus	649
Feuquières	1311	Sarnois	515
Grez	531	Sommereux	649
Halloy	630	Thieuloy - Saint-An-	
Haubos	210	toine	278

Grandvilliers, chef-lieu de canton, à 30 kilomètres N.-N.-O. de Beauvais. Ce joli bourg est situé dans une plaine immense, à l'intersection des routes de Rouen, de Calais, d'Amiens et de Beauvais. On croit que Grandvilliers fut bâti en 1213 par Philippe de Dreux, évêque de Beauvais. Un auteur prétend qu'à la place de ce bourg il exista jadis une grande ville. — Grandvilliers n'est remarquable que par le grand nombre de fabriques en tout genre qu'on y trouve et qui y entretiennent l'aisance parmi les habitants.

Fabriques de draperies, serges, bonneterie, enclumes, essieux, tuilerie. — Commerce de bonneterie, serges, cidre et grains.

Feuquières. Fabrique de bonneterie, d'étoffes de laine, teinturerie.

Sarcus. Fabriques d'étoffes de laine et de calicot.

Sarnois. Fabrique de calicot, de lunettes.

Canton de Condray-Saint-Germer (18 Communes).

	h.		h.
Le Coudray-Saint-Germer	480	Lalandelle	480
Blacourt	563	Le Vaumain	503
Cuigy	638	Le Vauroux	403
Espaubourg	301	Puiseux-en-Bray	483
Flavacourt	941	Saint-Aubin-en-Bray	451
Hodenc-en-Bray	564	Saint-Germer	1029
Labosse	701	St-Pierre-ès-Champs	623
La Chapelle-aux-Pots	683	Serifontaine	840
La Lande-en-Son	225	Talmontiers	565

Le Coudray-saint-Germer, chef-lieu de canton, à 23 kilomètres O. de Beauvais, fondé au XII° siècle par les moines de Saint-Germer, qui possédaient le territoire depuis l'origine de l'abbaye. Ils y bâtirent une forteresse à la fin du XIV° siècle, et s'y retirèrent en 1400. Mais les Bourguignons s'emparèrent de la forteresse, firent les moines prisonniers et dévastèrent le pays. On voit encore quelques vestiges du château.

Espaubourg possède une église qui a de très-beaux vitraux.

Hodenc-en-Bray a une belle et vaste église du XVI° siècle.

Labosse a été dévasté par une troupe de Ligueurs en 1590. Il y avait autrefois un château qui fut rasé par ordre de Louis XIV, pour punir son possesseur, le comte de Moret, capitaine des Cent-Suisses, de s'être mêlé à des intrigues de cour. — L'église de Labosse est de 1518.

La Chapelle-aux-Pots. Vestiges de poteries romaines d'une grande finesse. — Manufacture de poterie de terre.

Saint-Germer, lieu célèbre par une abbaye de Bénédictins qu'y fonda Saint-Germer au VII° siècle. Ce n'était auparavant qu'un désert. L'abbaye fut détruite par les Normands en 850 et en 902. Elle ne fut restaurée que vers l'an

1030. Les Bourguignons y commirent de nouveaux désastres au xvᵉ siècle. — Eglise de transition du plein-cintre à l'ogive, à laquelle est annexée une magnifique chapelle ogivale du xiiiᵉ siècle et de grande étendue. A la ferme de *Saint-Pierre-ès-Bois*, existait le monastère de *Saint-Pierre-en-l'Ile*, qui précéda la fondation de celui de Saint-Germer. Hincmar, archevêque de Reims, y tint un concile en 865.— Fabrique de dentelles.

Serifontaine fut donné à l'abbaye de Saint-Germain-des-Prés, par Charles-le-Simple, en 918. Il y avait, dans ce pays, une forteresse dont Richard-Cœur-de-Lion s'empara en 1198. — Château moderne, élégant, imitant le style gothique. — Eglise assez vaste, en partie du xviᵉ siècle. — Usine à zinc, laiton laminé, et planches de cuivre aux hameaux de *Droillecourt* et de *Saint-Victor*. — Briqueterie, fours à chaux.

Canton de Marseille (19 Communes).

	h.		h.
MARSEILLE	838	Lihus	981
Achy	576	Milly	866
Blicourt	514	Oudeuil	298
Bonnières	262	Pisseleu	369
Fontaine-la-Vaganne	617	Prévillers	340
Gaudechard	431	Rothois	405
Haute-Epiné	621	Roy-Boissy	445
Hetomesnil	555	St – Omér-en-Chaus-	
La Neuville-sur-Ou-		sée	561
deuil	540	Villers-sur-Bonnières	243
La Neuville-Vault	186		

Marseille, chef-lieu de canton, à **21 kilomè-tres** N.-N.-O. de Beauvais, bourg dans un val-lon, au confluent du Thérinet et du ruisseau d'Herboval. C'est un lieu ancien ; il était autre-fois fermé de murs et protégé par un château fortifié qui s'élevait sur le bord de la vieille route de Beauvais ; il éprouva de grands dom-mages pendant les troubles de la Ligue. — Eglise de style flamboyant gothique. — Château moderne. — Fours à chaux. Bonneterie. Tan-nerie, mégisseries.

Achy présente, au hameau de *Beaupré*, les restes d'une célèbre abbaye du même nom et de l'ordre de Citeaux, fondée en 1135 par Ma-nassès, seigneur d'Achy. Château moderne dans la vallée. — Fabriques de bas au métier ; mérinos, cachemires ; filature de laine.

Fontaine-la-Vaganne avait un château-fort qui joua un grand rôle pendant les guerres du xve siècle contre les Anglais. Les Ligueurs d'Amiens, sous le commandement du capitaine Lefort, s'en emparèrent en 1589. — Les restes en sont encore imposants. — Fabrique de bonneterie.

Lihus, lieu ancien qui formait une seigneurie importante, appartenant, au xive siècle, à Arnault de Corbie, chancelier de France. — Vestiges d'un vieux château-fort près de l'église. — Fabrique de serge et bonneterie.

Milly, pays ancien dont la forteresse était très-importante ; elle fut prise en 1197 et en 1344 par les Anglais. En 1442 elle servait de résidence au bâtard de Lahaie, qui pillait tous les environs. — Le comte d'Etampes vint s'en emparer, la fit brûler et démanteler. Milly fut ruiné du même coup. — Fabriques de bas, serges, sabots. Filatures de laine et de chanvre.

Oudeuil. Au hameau d'*Oudeuil-le-Grand* était jadis un château-fort élevé sous Philippe-Auguste, pour protéger avec plusieurs centres, les frontières de la France de ce côté-là. — Fabrique de serges et bonneterie.

Roy-Boissy a une église du xɪɪ° siècle.

---

	h.		h.
MÉRU	2571	Henonville	493
Amblainville	788	Ivry-le-Temple	467
Andeville	1226	Lardières	179
Anserville	341	La Villeneuve-le-Roy	446
Bornel	502	Lormaison	365
Chavençon	210	Montherlant	190
Corbeil-Cerf	352	Monts	204
Esches	366	Neuville-Boscq	392
Fosseuse	169	Pouilly	178
Tresneaux-Montche-vreuil	844	Saint-Crépin-Ybou-villers	703

Méru, chef-lieu de canton, à 23 kilomètres S.-S.-E. de Beauvais, petite ville située dans une vallée où abondent des sources d'eaux vives qui y forment le ruisseau de Méru, affluent de l'Oise, rive droite. Méru existait déjà au vɪɪ° siècle. En 1388 le roi donna à Pierre, dit Hutin, sire d'Aumont, porte-oriflamme de France, alors seigneur de Méru, 2,000 livres, pour l'aider à bâtir son château. — Ce pays fut pillé par les Huguenots en 1589. La terre appartenait au prince de Bourbon, à la fin du règne de Louis XIV. Le château, brûlé par accident, le 14 mars 1751, fut rétabli par le prince de Conti, mais seulement comme rendez-vous de chasse. L'église est moderne en grande partie.

Méru est le centre d'un commerce considérable de tabletterie, éventails, dentelles, taillanderie, outils aratoires estimés, blanc d'Espagne.

Amblainville. En 1493, Louis d'Hédouville, seigneur de *Landrecourt,* donna au château de ce hameau un tournois brillant auquel assista toute la noblesse des environs, et qui est devenu célèbre sous le nom de *Pas d'armes de Sandrecourt.*

Andeville. Fabrique importante de tabletterie en nacre, de perles, bijouterie, éventails, cornes à lanternes.

Ivry-le-Temple tire son surnom d'une commanderie de Templiers qui existait jadis sur son territoire. Aux environs, fontaine intermittente.

Lardières. Les pierres des carrières de cette commune out servi à la construction du beffroi de Noyon, élevé en 1328.

Montherlant. Il y avait autrefois des monuments celtiques dans les bois qui entourent le château de *Pontavesne.* — Confection de dentelles et tabletterie.

Monts. Eglise à portes romanes et chœur du même style.

Pouilly fut pillé par les Ligueurs de Beauvais en 1591. On remarque dans le bois de l'Encensois une excavation rectangulaire, longue de 25 mètres, large de 20 et profonde de 6, qui est connue sous le nom de *Fosse-du-Sabbat.* On a trouvé des haches celtiques sur le territoire de Pouilly.

Canton de Nivillers (21 Communes).

	b.		b.
NIVILLERS	197	Laversines	740
Bailleul-sur-Thérain.	668	Maisoncelle-St-Pierre	278
Bonlier	218	Oroër.	410
Brésles	1908	Rochy-Condé	371
Fay-Saint-Quentin	546	Sauqueuse-Saint-Lucien	185
Fontaine-St-Lucien	208		
Fouquerolles	234	Therdonne	643
Guignecourt	259	Tillé	665
Haudivillers	660	Troissereux	672
Juvignies	341	Velennes	216
La Fraye	237	Verderel	302

Nivillers, chef-lieu de canton, à 8 kilomètres E.-N.E. de Beauvais, assis au milieu d'une plaine dépourvue d'eau, et formé de deux rues principales assez larges, et d'une maison de plaisance, bâtie en 1780 sur l'emplacement d'un ancien château.

Bailleul-sur-Thérain avait au XII° siècle une forteresse considérable. — Camp romain appelé le *Mont-César*, situé entre Petit-Froidmont et Bailleul.

Bresles, jadis chef-lieu du comté de Beauvais. Un château-fort, qui y fut élevé en 1210, éprouva bien des fois les attaques des ennemis. C'était une place forte dans les guerres du XIVᵉ siècle et du XVᵉ. Les Ligueurs s'en emparèrent en 1590, et la pillèrent ainsi que Bresles. — De nouvelles attaques y eurent lieu les années suivantes. Le château fut en partie détruit pendant la révolution. — Tuileries, extraction de tourbe. — Commerce de légumes potagers.

Haudivillers a dans son église un chœur du XVIᵉ siècle.

Laversines avait un château aux évêques de Beauvais ; il était déjà ruiné au milieu du XVᵉ siècle. — Souterrain antique, découvert en 1810, près de l'église Saint-Germain, et renfermant plusieurs salles.

Therdonne. On regarde la position du hameau de *Bourguillemont* comme celle où César défit *Correus* et 7,000 Bellovaques. C'est là aussi que le roi Raoul campa lorsqu'il marcha contre les Normands. Ruines d'un vieux château situé dans les bois et connu sous le nom de Barbançon.

Tillé fut dévasté et brûlé par les Bourguignons en 1472. — Carré d'équarrissage, fabriques de noir animal, colle forte, fonderie de suif.

Troissereux, lieu ancien, dont le château aurait été bâti, selon une tradition locale, par trois fées qui étaient sœurs, d'où serait venu le nom latin *Tres sorores*. Cette erreur populaire, comme beaucoup d'autres, repose sur une vérité. Trois sœurs en effet ont possédé la terre de Troissereux dans le XIIᵉ siècle. — Un château moderne remplace l'ancien château-fort où l'on entrait par un pont-levis. — Fabrique de molletons rayés.

Canton de Noailles (22 Communes).

	b.		b.
NOAILLES	1207	Montreuil - sur - Thé -	
Abbecourt	452	rain	119
Berthecourt	460	Mortefontaine	802
Cauvigny	1039	Mouchy-le-Châtel	178
Hermes	754	Novillers	211
Hodenc-l'Evêque	208	Ponchon	638
Laboissière	805	Ressons	103
La Chapelle - Saint -		Sainte-Geneviève	1269
Pierre	317	Saint-Sulpice	535
La Neuville - d'Au -		Silly	544
mont	203	Villers-Saint - Sépul-	
Le Coudray - Belle -		cre	395
Gueule	173	Warluis	661
Le Déluge	477		

Noailles, chef-lieu de canton, à 16 kilomètres S.-E. de Beauvais, joli bourg, qui s'appelait autrefois Longvillers, et qui n'était qu'une auberge avec quelques habitations isolées. Il doit ce qu'il est aujourd'hui à l'illustre maison de Noailles. Les maisons, d'une architecture agréable, bâties en pierres de tailles ou en briques, sont alignées de chaque côté de la grande route. La place est vaste. — Fabrique de brosses à dents, tuileries. — Commerce de chanvre, chevaux et bestiaux.

Abbecourt. On a découvert à *Mattancourt* un ossuaire gaulois, disposé en allée, d'environ huit mètres.

Berthecourt. Fabrique de queues de billard et bâtons tournés en tous genres, cannes en bois indigène, manches de parapluies, etc.

Cauvigny avait, au hameau de *Château-Rouge*, une forteresse qui joua un rôle important dans les guerres du xive, du xve et du xvie siècle.

Hermes est un des bourgs les plus anciens du Beauvoisis. Il y avait une forteresse élevée en 1187, qui fut l'objet d'attaques continelles pendant les guerres des Anglais, et démolie entièrement, par ordre de Charles VII, en 1431. — Le hameau de *Froidmont* tire son nom de l'abbaye de Notre-Dame de Froidmont, fondée en 1134, par Valeran, abbé d'Ourscamp.

Hodenc-l'Evêque. Les évêques de Beauvais y avaient un château, qui devint, vers le xiiᵉ siècle, une forteresse importante à cause de sa position. — Henri IV, se rendant de Normandie à Senlis, après le combat d'Arques, visita Hodenc.

Mortefontaine a un beau château. C'est dans cette résidence, qu'en 1800, les envoyés des Etats-Unis d'Amérique reçurent une fête brillante, à l'occasion de la signature du traité conclu entre les Français et le gouvernement américain.

Mouchy-le-Châtel, chef-lieu d'une des plus anciennes et des plus considérables baronnies de Picardie. Louis le Gros assiégea, en 1101, le château-fort, dont il s'empara et qu'il détruisit. Le château, bâti sous François Iᵉʳ, a éprouvé de grands changements qui ont accru son importance. L'église, de style ogival, est remarquable par son antiquité.

Sainte-Geneviève. Fabrique de tabletterie, bois d'éventails, brosses, boutons, cornes à lanternes.

Silly, avait une forteresse considérable qui fut prise sur les troupes du roi par les ligueurs de Beauvais, en 1589.

Villers-Saint-Sépulcre. A l'E. du hameau de Hez, on voit, sur le coteau, un monument celtique connu sous le nom de *Pierre-aux-Fées.*— Entre Hez et Villers, est la croix des malades, monument en pierre de l'époque de la renaissance.

Warluis.—*Profondeval*, où *Saint-Arnould*, est le lieu où se retirèrent les ermites qui choisirent un lieu sur le *Mont-César*, pour y placer le premier établissement de l'abbaye de Froidmont.— Le château de *Merlemont* fut le rendez-vous des Huguenots du Beauvoisis. — On voit encore dans la cour le bassin de pierre qui servait à donner le baptême selon le rit réformé. — Le château de l'*Épine* se composait de trois constructions, dont on distingue les restes.

Canton de Songeons (23 Communes).

Commune	h.	Commune	h.
SONGEONS	1156	Lhéraule	245
Bazencourt	211	Loueuse	811
Buicourt	217	Martincourt	172
Crillon	471	Morvillers	601
Ernemont-Boutavent	464	Saint-Deniscourt	203
Escames	477	Saint-Quentin-des-Prés	380
Fontenay-Torcy	317		
Gerberoy	342	Senantes	965
Glatigny	439	Sully	282
Gremevillers	649	Thérines	429
Hannaches	304	Ville-en-Bray	219
Hanvoile	862	Villers-sur-Auchy	500
Haucourt	154	Vrocourt	123
Hécourt	319	Wambez	212
La Chapelle-sous-Gerberoy	252		

Songeons, chef-lieu de canton, à 25 kilomètres N.-O. de Beauvais, bourg situé au pied d'une colline, sur le Thérain. On y voit un vaste château en briques, construit en 1720, par la marquise d'Armentières. — François Ier établit des foires à Songeons. — Vestiges considérables d'habitations romaines et d'une forteresse entre le hameau de *Riffin* et le bois de *Fontaine*, appelé la ville des *Muguets*.

Fabriques de mérinos, lunettes et montures de lunettes en or, argent et acier. — Commerce de fer, quincaillerie, cidre, bière, fromages estimés.

Crillon s'appelait Caigny au xe siècle. — Cette terre passa, au xve siècle, dans la maison de Boufflers, qui y fit de grandes améliorations, puis, en 1784, dans celle de Crillon, dont elle porte le nom. Il y a un château qui a toujours été occupé par cette dernière famille.

Gerberoy, sur un côteau, est regardé comme l'un des points que fit fortifier Charles-le-Chauve pour arrêter les Normands. C'est en ce lieu que fut signé, en 946, le traité de paix entre Louis d'Outremer et Richard Ier, duc de Normandie, en présence de Harold, roi de Danemark. Gerberoy fut pris et repris plusieurs fois par les Bourguignons et par les troupes de Charles VII. La terre appartenait aux évêques de Beauvais qui y établirent des officiers qualifiés de *vici-domini*, en français *vidamès*, pour la défendre contre les incursions des Normands. Le vidamé fut réuni à l'évêché en 1193, et les évêques ajoutèrent à leur titre celui de *vidames de Gerberoy*. La justice du vidame s'étendait sur plus de 160 fiefs et 400 arrière-fiefs, avec une coutume particulière. — Belle église gothique du xv° siècle. — Commerce de chevaux et de bestiaux.

Sully, sur le Thérain. On désigne encore, sur le territoire de cette commune, les limites de la Picardie et de la Normandie. La partie qui est à gauche de la rivière est encore réputée Picarde et l'autre Normande.

Arrondissement de Clermont.

Cet arrondissement, qui se trouve dans la partie centrale du département, a pour bornes, au N. le département de la Somme; au S. l'arrondissement de Senlis; à l'E. l'arrondissement de Compiègne, et à l'O. l'arrondissement de Beauvais.

Il est arrosé par la Bresche, l'Arre, etc.

Il présente, comme celui de Beauvais, une grande plaine fromenteuse au N.; au S., des côteaux sablonneux, boisés, et des plateaux d'excellente terre végétale.

Il est composé do 8 cantons ou chefs-lieux de justices-de-paix, renfermant 168 communes.

Cantons.	Communes.	Population.	Sup. en hect.
CLERMONT......................	24	15,182	
Breteuil	22	13,665	
Crévecœur	20	12,141	
Froissy	17	8,767	
Liançourt.....................	23	9,974	131,430 hectares.
Maignelay....................	21	9,766	
Mouy	11	7,855	
Saint-Just-en-Chaussée....	30	13,517	
	168	90,817	131,430

Canton et ville de Clermont (24 Communes).

	h.		h.
CLERMONT............	5144	Etouy................	810
Agnetz...............	1196	Fitz-James	546
Airion	262	Fouilleuse...........	92
Avrechy.............	500	Lamecourt...........	173
Avregny.............	256	La Neuville-en-Hez .	837
Bailleul-le-Sec	696	Litz	308
Blincourt	127	Maimbeville.........	349
Breuil-le-Sec.........	478	Remecourt..........	75
Breuil-le-Vert.	796	Remerangles........	318
Bulles	1040	Rue-Saint-Pierre....	623
Choisy-la-Victoire....	175	Saint-Aubin — sous —	
Epineuse.............	259	Erquery	230
Erquery	237		

Clermont, chef-lieu d'arrondissement communal, à 27 kilomètres E.-S.-E. de Beauvais, 82 de Paris, sur le chemin do fer de Paris à Amiens.

Cette petite ville, dans une situation pittoresque, s'élève sur la croupe d'une haute colline dont la petite rivière de la Brèche baigne le pied; le point culminant de la colline porte le vieux château, vaste masse d'une construction bizarre; une belle promenade ombragée, qu'on nomme le *Châtellier*, s'étend autour de ce château d'où l'on jouit d'un superbe panorama. La ville est petite, irrégulière, mais généralement propre et bien bâtie, elle renferme plusieurs constructions importantes. Une ordonnance royale de 1826 a fait du château une maison centrale de détention destinée à recevoir les femmes condamnées à une réclusion de plus d'une année par les tribunaux des départements de l'Oise, de la Seine, de Seine-et-Oise, de Seine-et-Marne et de l'Aisne.

HISTORIQUE. — On connaît peu l'origine de Clermont qui n'était jadis qu'une forteresse construite sous le règne de Charles-le-Chauve, ou peut-être rebâtie du temps de ce prince pour arrêter les incursions des Normands. Ses seigneurs, qui portaient le titre de comtes, sont connus dès le XI° siècle; ils étaient les premiers à la cour des rois capétiens. Après les soulèvements de la Jacquerie en 1356, Clermont fut surprise par le fameux captal de Buch, qui y leva des contributions extraordinaires. Cette ville fut pillée et brûlée par les Anglais en 1359, dans le temps de la captivité du roi Jean. Le fameux Lahire la leur reprit peu de temps après, mais on la leur rendit pour la rançon de ce vaillant capitaine. — Elle revint à la France après l'expulsion des Anglais.

Clermont a vu naître :

Charles IV (le Bel) roi de France ;

Fernel, mathématicien distingué, célèbre médecin de Henri II ;

Charpentier, savant du XVI° siècle, auteur du *Parallèle entre Aristote et Platon* ;

Cassini de Thury, célèbre ingénieur-géographe, auteur de la grande carte de France de son nom ;

Jacques Grevin, poète français et latin, médecin et conseiller de Marguerite de France.

INDUSTRIE.—Fabriques de toiles, calicots, indiennes, filatures de coton, blanchisseries de toiles.

COMMERCE de grains, fruits rouges, lins, toiles mi-Hollande, chevaux et bestiaux.

Sous-préfecture, tribunal civil, collége communal, embarcadère du chemin de fer du Nord, société d'agriculture.

Agnetz. — A *Boulincourt* est une mine de lignite pyriteux qui est en exploitation et sert à faire des cendres *végétales*, dont l'emploi est si utile en agriculture.

Breuil. Le hameau de *Canettecourt* était une ville en 1300 ; on y voit un château de construction moderne, bâti sur les ruines d'une ancienne forteresse, dite le *Fort l'Attaque.*

Fitz-James est divisé en deux parties ; le grand Fitz-James, où est le château ; le petit Fitz-James, où se trouve l'église et l'une des plus belles blanchisseries du département.

Bulles, autrefois fortifié, fabriques de toiles fines, dites *mi-hollande* et autres.

La Neuville-en-Hez. Près de cette commune est un lieu nommé le *Château,* où l'on voit les restes d'un aqueduc de construction romaine. On y a trouvé un vase de cuivre antique et un grand nombre de médailles. — Fabrique de toiles, filature de laine.

Canton de Breteuil (23 Communes).

	h.		h.
BRETEUIL	2736	Le Mesnil-Saint-Firmin	445
Ansauvillers – en – Chaussée	1170	Mory-Montcrux	197
Beauvoir	467	Paillart	722
Bonneuil-le-Plessy	1173	Plainville	302
Bonvillers	470	Rocquencourt	526
Broyes	378	Rouvroy-lès-Merles	181
Chevoix	986	Serevillers	218
Esquennoy	1012	Tartigny	316
Flechy	295	Troussencourt	685
Gouy-les-Groseillers	92	Vendeuil-Caply	523
La Herelle	394	Villers-Vicomte	461

Breteuil, chef-lieu de canton, à 40 kilomètres N.-N.-O. de Clermont, 30 de Beauvais, petite ville dans une position avantageuse, à la source de la rivière de la Noye. Elle est en général mal bâtie, mal pavée; on remarque cependant quelques édifices assez beaux, parmi lesquels on distingue surtout le vaste bâtiment de l'abbaye de Sainte-Marie, rebâtie en 1028 par Gilduin, seigneur de Breteuil. — Les Anglais assiégèrent inutilement Breteuil en 1355. Dans le siècle suivant, elle se rendit au comte d'Etampes, et fut reprise peu de temps après par Lahire, qui, en vertu d'une convention avec le duc de Bourgogne, fit démolir le château et les murs dont elle était entourée.

On a découvert un grand nombre d'antiquités, des médailles gauloises et romaines, des restes de murailles et des souterrains de construction antique, dans un terrain à 1 kilomètre S.-E. de Breteuil, entre Vendeuil, Beauvoir et Caply, et que l'on nomme *Brantuspance*.

Fabrique de souliers à l'usage des troupes et des hôpitaux de Paris. Belles pépinières, tanneries, manufactures de châles, serges, bas de laine et autres lainages. — Commerce de blé, cidre et bestiaux. — Station du chemin de fer du Nord.

Ansauvillers a des fabriques importantes.

Beauvoir. On trouve sur l'emplacement d'une ancienne forteresse un souterrain considérable, garni d'un grand nombre de cellules.

Bonneuil est un des plus anciens bourgs de la Picardie. On y voit quelques restes d'un château sous lequel sont des souterrains ouvrant dans plusieurs directions sur la campagne. Il y a aussi, sous la côte de *Serumont*, un souterrain ou fort composé de deux longues allées garnies de cellules. — Gravure sur cristaux.

Bonvillers. On y a découvert un fort ou souterrain assez long, garni de cellules des deux côtés.

Esquenoy. En 1589, les habitants entourèrent cette commune de murailles percées de meurtrières pour se défendre des nombreux partis de Hugenots qui ravageaient les environs. — Les Templiers et ensuite les chevaliers de Malte y eurent un hôpital.

La Herelle fut brûlé par les Espagnols dans l'invasion de 1636. Le château était une forteresse importante pendant les guerres du xive siècle.

Mory-Montcrux fut incendié par les Bourguignons dans les guerres du xve siècle.

Paillart a une église en grande partie de style flamboyant. Il y avait à *Vesigneux* une abbaye fondée en 1148 par Valeran, seigneur de Bretouil ; elle fut incendiée et les religieux dispersés dans le XIV° siècle.

Plainville et *Serevillers* furent incendiés en 1636 par les Espagnols.

Canton de Crévecœur (20 Communes).

	b.		b.
CRÉVECŒUR	2416	Francastel.............	810
Auchy-la-Montagne.	603	La Chaussée-du-Bois-	
Blancfossé............	505	d'Ecu.	375
Catheux	380	Le Crocq.	401
Choqueuse-lès-Bes-		Le Gallet	331
nard................	320	Le Saulchoy-Gallet..	346
Conteville............	351	Luchy................	568
Cormeille.............	1012	Maulers...............	387
Croissy	537	Muldorge	239
Domeliers............	825	Rotangy	418
Fontaine-Bonneleau.	501	Viefvillers...........	603

Crévecœur, chef-lieu de canton, à 45 kilomètres N.-O. de Clermont, 39 de Beauvais, terre qui a donné son nom à une famille illustre au moyen âge, et qui la posséda depuis le XII° siècle jusqu'au XVIII°. Crévecœur fut pillé pendant la guerre des Huguenots à la fin du XVI° siècle, et par les Espagnols en 1595 et en 1636. Un incendie détruisit 400 maisons en 1790. Le château est un vaste édifice, flanqué de tourelles, et bâti en briques, de la fin du xvᵉ siècle, restauré en 1659. — Fabriques d'alépines et autres lainages. Exploitation de carrières. Commerce des produits de ses fabriques.

Blancfossé, lieu ancien. Souterrain considérable, creusé par les habitants pour se mettre à l'abri des guerres du moyen âge.

Cormeille, lieu ancien sur l'emplacement d'une station posée sur la voie romaine qui allait de Beauvais à Amiens.

Francastel. Le bourg et le château furent dévastés pendant les événements de la Jacquerie.

La *Chaussée-du-Bois-d'Ecu* est traversé par la voie romaine de Beauvais à Amiens, qui en forme la principale rue. Un incendie détruisit l'église et les deux tiers du village, le 20 juillet 1825.

Rotangy relevait du vidamé de Gerberoy. C'était une des quatre seigneuries qu'on appelait les Filles du Vidamé.

	b.		b.
FROISSY	679	Montreuil-sur-Brèche	787
Abbeville-Saint-Lucien	322	Noiremont	256
Bucamp	491	Noyers-Saint-Martin	761
Campremy	391	Oursel-Maison	406
Hardivillers	1221	Puits-la-Vallée	270
La Neuville-Saint-Pierre	211	Reuil-sur-Brèche	381
		Saint-André-Farivillers	714
Le Quesnel-Aubry	346	Saint-Eusoye	444
Maisoncelle-Tuilerie	430	Thieux	478

Froissy, chef-lieu de canton, à 33 kilomètres N.-N.-O. de Clermont, 24 de Beauvais, lieu ancien, dont dépend *Provinlieu*, qui avait un fort au moyen âge. En 1365 plusieurs chevaliers s'y défendirent contre les Anglais ; au xvᵉ siècle, il s'y livra plusieurs combats. Le chœur de l'église est de style ogival flamboyant, et a été bâti en 1577.

Fabriques, bonneterie, briqueterie.

Campremy. On signale, sur cette commune, les vestiges d'un camp romain.

Hardivillers a une église du XVIᵉ siècle.

Montreuil-sur-Brèche. Tumulus gaulois de plus de 2 mètres de haut, sur à peu près autant de diamètre, au lieu dit *Lamotte*. Pays ravagé le 5 août 1589 par un parti de Huguenots, dont le chef y fut pris.

Noyers-saint-Martin a un souterrain découvert en 1720, et qu'on appelle le *Fort*. On a trouvé des galeries voûtées, sur les côtés desquelles sont pratiquées des cellules, au nombre de plusieurs centaines. On croit ce souterrain contemporain des invasions des Normands, et destiné à servir de refuge aux habitants contre les guerres du moyen âge. On a aussi trouvé des souterrains au hameau de *Gouy*.

Canton de Liancourt (23 Communes).

	h.		h.
LIANCOURT	1545	Monceaux	313
Angicourt	241	Monchy-Saint-Eloi	342
Bailleval	545	Nointel	589
Bazicourt	198	Rantigny	458
Brenouille	196	Rieux	203
Catenoy	577	Rosoy	225
Cauffry	315	Sacy-le-Grand	772
Cinqueux	691	Sacy-le-Petit	312
Labruyère	248	Saint-Martin-Lon-	
Laigneville	761	güeau	358
Les Ageux	276	Sarron	408
Mogneville	207	Verderonne	242

Liancourt, chef-lieu de canton, à 7 kilomètres S.-S.-E. de Clermont, 34 de Beauvais, très-agréablement situé sur la pente d'une colline, qui domine une vallée délicieuse, appelée la *Vallée dorée*, à cause de la richesse de sa végétation et de la fécondité de son sol. Ce bourg jouira toujours d'une célébrité justement acquise par la vie honorable et les bienfaits de l'illustre de Larochefoucauld, dont la famille qui est en possession de cette terre depuis 1611, était déjà distinguée par la naissance de plusieurs hommes d'un grand mérite. — La terre de Liancourt était célèbre par les beautés de ses jardins, et de son château embelli par Jeanne de Schomberg en 1640. L'église, construite en 1578 par les soins du seigneur, renferme deux statues remarquables de Charles du Plessis et de son épouse, chefs-d'œuvre de Nicolas Coustou. — Hospice fondé en 1645 par la famille de Liancourt.

Patrie du marquis *Fr. Gaetan de la Rochefoucauld-Liancourt*, littérateur et publiciste.

Manufactures de limes et d'acier, de faïence et de carreaux. — Commerce de grains, haricots, légumes, fruits à noyau. — Station du chemin de fer du Nord.

Angicourt, lieu ancien, a une église de style de transition du plein cintre à l'ogive.

Catenoy, pays dévasté par les *Jacques*, au xiv° siècle. Église romane remarquable. Emplacement d'un camp romain, entre Catenay et Sacy-le-Grand.

Laigneville a une église de transition, à l'exception du chœur, qui est ogival pur. — Les Templiers y avaient une commanderie importante.

Les Ageux a un oratoire protestant, le seul du département de l'Oise.

Mogneville possède une église remarquable par son clocher romano-ogival. — On voit sur le côteau de l'E. de Mogneville une pierre fichée en terre, qui passe pour un monument celtique et qu'on appelle la *Pierre-à-la-Roque*

Nointel avait un château qui fut démoli en 1431 par ordre de Charles VII. Vaste église, en partie de style roman.

Sarron a une église romane du xi⁰ siècle et du xii⁰. On y remarque un beau château moderne, qui fut longtemps habité par Mᵐ⁰ de Villette, nièce et fille adoptive de Voltaire, connue sous le nom de *Belle-et-Bonne.*

Verderonne. Son église renferme une belle chaire.

Canton de Maignelay (21 Communes).

	h.		h.
MAIGNELAY	755	Menevillers	208
Coivrel	427	Mery	715
Courcelles-Espayelles	296	Montgerain	230
Crevecœur-le-Petit	157	Montigny	994
Domfront	239	Royaucourt	451
Dompierre	427	Sains-Morenvillers	574
Ferrières	508	Saint-Martin-aux-	
Godenvillers	226	Bois	412
Le Fretoy	386	Tricot	991
Léglantiers	444	Vacquemoulin	288
Le Ployron	192	Welles-Perennes	586

Maignelay, chef-lieu de canton, à 25 kilomètres N.-N.-E. de Clermont, 30 de Beauvais, dans une belle plaine, à peu de distance du bois du même nom. On y voit deux grandes places dont l'une est plantée de quatre rangées de hauts peupliers. De la place on communique par deux allées au bois qui offre d'agréables promenades. — L'église a un portail qui n'est pas dépourvu d'élégance, le bénitier est un chapiteau de colonne d'ordre corinthien. Les seigneurs de Maignelay sont connus dès le xiiᵉ siècle. Ils jouèrent un grand rôle dans les guerres du moyen âge. Le château était dans l'origine une forteresse considérable.

Fabriques de taillanderie et d'ustensiles de ménage. — Commerce considérable de moutons et de cordes de tilleul.

Courcelles. On a fréquemment trouvé des haches celtiques en silex sur le territoire.

Domfront a une église remarquable par son clocher roman.

Le Fretoy. L'église de *Troncoy* est une des plus anciennes du département. A côté de l'église est une ferme élevée sur les ruines de l'ancien château-fort, qui joua un rôle important dans les guerres de Louis XI. Le donjon subsistait encore en 1830.

Montigny. L'église, de vaste dimension, est de style ogival. Au N.-O. de Montigny sont des vestiges de retranchements qu'on appelle le *Fort Philippe*, et qu'on regarde comme contemporains de Philippe-le-Bel.

Saint-Martin-aux-Bois, appelé autrefois *Baricourt*, a pris son nom actuel d'une abbaye qui y fut fondée au XI siècle. Cette maison fut ruinée dans les guerres civiles. — L'église de l'ancienne abbaye est une des plus belles du département ; elle est de style ogival et du XIIIe siècle.

Tricot a appartenu au XVe siècle au duc de Bourgogne, qui le donna à Antoine, sire de Crévecœur, sous la redevance d'une paire d'éperons dorés. La motte où s'élevait le château-fort se voit encore près de l'église.

Fabriques d'étoffes de laine pour habillements militaires, calicot croisé, bazin.

Vacquemoulin, lieu ancien et jadis important, qui fut dévasté en 1636 par les troupes qui allaient combattre les Espagnols.

Welles-Perennes. Eglise remarquable.

Canton de Mouy (11 Communes).

	h.		h.
Mouy	2766	Heilles	447
Angy	693	Hondainville	233
Ansacq	294	Neuilly-sur-Clermont	392
Bury	1576	Rousseloy	143
Cambronne-lès-Clermont		Saint-Félix	288
mont	528	Thury-sur-Clermont	365

Mouy, chef-lieu de canton, à 10 kilomètres S.-O. de Clermont, 23 de Beauvais, dans une situation agréable, entre les montagnes de Mouchy et de Hondainville, dans un vallon tapissé de prairies arrosées par le Thérain. Depuis longtemps cette commune s'adonne à la fabrication des lainages. C'est en 1812 que M. Douglas y introduisit les nouvelles machines destinées à filer la laine. On y fabrique parfaitement les draps, les serges, les molletons, lés mérinos. Ce genre d'industrie s'accroît tous les jours, se perfectionne et donne à ce pays l'aspect animé des grandes villes. — Carrières de belles pierres de taille.

Bury, pays détruit par les Normands au ix° siècle. Les Ligueurs de Beauvais le mirent au pillage en 1591. Eglise remarquable, partie romane et partie ogivale. — Nombreuses fabriques.

Cambronne-les-Clermont possède une église remarquable, du style ogival primitif, mêlé de parties romanes.

Hondainville, lieu ancien. Le château-fort, appelé *Château-Vert*, fut pris en 1444 par les Bourguignons, qui ravagaient, de ce point, toute la contrée. Il fut aussi occupé par les Ligueurs. Un autre château, élevé à la fin du dernier siècle par M. de Saint-Morys, a servi de prison d'Etat pendant la révolution, puis a été démoli. La résidence actuelle d'Hondainville renferme une foule d'objets d'art et d'antiquité, que ses derniers possesseurs se sont plu à recueillir.

Thury-sous-Clermont appartenait, au xvi° siècle, à Claude de Durand, chevalier favori de François I°, auprès duquel il fut fait prisonnier à la bataille de Pavie. Le célèbre astronome Cassini l'acquit au xviii° siècle. On y voit un château où Jacques Cassini, fils du célèbre Jean-Dominique Cassini, a établi un observatoire où ont été faites de nombreuses observations astronomiques. La méridienne de Paris, tracée par MM. de Cassini, traverse cette propriété, et c'est en ce lieu que les premiers ingénieurs ont été formés pour le travail de la belle carte de France, dite de Cassini.

Canton de Saint-Just-en-Chaussée (30 Communes).

	h.		h.
SAINT-JUST-EN-CHAUSSÉE	1602	Le Plessier-s-Saint-Just	384
Angivillers	267	Lieuvillers	465
Brunvillers-Lamotte	360	Montiers	415
Catillon	601	Moyenneville	415
Cernoy	190	Noroy	233
Cressonsacq	362	Nourard le-Franc	500
Cuignières	284	Plainval	346
Essuiles	554	Pronleroy	426
Erquinvillers	115	Quinquempoix	360
Fournival	504	Ravenel	1025
Fumechon	192	Rouvillers	303
Gannes	489	Saint-Remy-en-l'Eau	394
Grandviller-aux-Bois	220	Valescourt	223
La Neuville-Roy	682	Wavignies	847
Le Mesnil-sur-Bulles	382		
Le Plessier-sur-Bulles	308		

Saint-Just-en-Chaussée, chef-lieu de canton, à 17 kilomètres N. de Clermont, 30 de Beauvais, bourg sur la pente d'un côteau, en face de la montagne de Miremont, sur le chemin de fer du Nord. Ce pays tire son nom de saint Just, enfant d'Auxerre, qui y fut martyrisé au commencement du v° siècle, et son surnom des deux voies ou chaussées romaines qui s'y croisent. Les évêques de Beauvais y eurent un château. — La forteresse fut détruite en 1346 par les Anglais. Le bourg et le château furent ravagés au xv° siècle ; les Bourguignons ; les murailles furent relevées en 1545.— A l'O. et à 2 kilomètres de cette commune, on visite la trouée de Mourard, chemin large comme une porte cochère, à travers lequel on distingue les clochers de Laon, à 100 kilomètres de distance, et les tours de Coucy-le-Château, dans le département de l'Aisne,

Patrie de *R.-J. Hauy*, savant minéralogiste et physicien ; de *Valentin Hauy*, son frère, philanthrope, fondateur de l'Institut des aveugles-travailleurs ; de *Dauchy*, haut fonctionnaire civil sous l'empire.

Fabrique de bonneterie. Station du chemin de fer du Nord.

Brunvillers-Lamotte. La fameuse marquise de Brinvilliers, Marguerite d'Aubray, qui fut brûlée comme empoisonneuse, sous Louis XIV, possédait cette terre. L'église gothique est assez belle.

Cressonsacq a donné son nom à des seigneurs marquants au moyen âge. La forteresse était considérable. Les Anglais la démantelèrent en 1422.

Essuiles renferme dans son église une passion en bois doré, du xvᵉ siècle, et le bâton d'un étendard qui fut pris jadis par un de ses seigneurs dans un combat naval. — *Saint-Rimault* était autrefois une seigneurie qui a appartenu au fameux *Olivier-le-Daim*, barbier et confident de Louis XI.

La Neuville-Roy était, au moyen âge, une place fortifiée qui, dès le xiiᵉ siècle, devint un point militaire important. Les guerres du xivᵉ siècle du xvᵉ et du xviᵉ y causèrent de grands dommages. L'église est grande et assez remarquable.

Montiers a appartenu aux maisons de Crequy et d'Hangest. Le vieux château a fait place à des constructions modernes élégantes.

Nourard-le-Franc tire son surnom de son ancienne dépendance de la châtellenie de Pontoise, en Ile de France, tandis que tous les lieux voisins dépendent du Beauvoisis.

Pronleroy. La Jacquerie y éclata le 28 mai 1358. Eglise de style flamboyant.

Quinquempoix était jadis plus au S., près du cimetière, et s'appelait *Bussy*. Il fut détruit pendant le moyen âge et transporté au lieu qu'il occupe maintenant. Église de style flamboyant. Souterrain profond près du cimetière et qui a servi autrefois à cacher les habitants pendant les guerres.

Saint-Remy-en-l'Eau a été le théâtre d'un combat entre des capitaines français et des capitaines anglais en 1430.

Arrondissement de Compiègne.

Cet arrondissement, qui occupe la partie orientale du département, a pour bornes : au N. le département de la Somme ; au S., l'arrondissement de Senlis ; à l'E. le département de l'Aisne, et à l'O. l'arrondissement de Clermont.

Il est arrosé par l'Oise, l'Aisne, le Matz, l'Aronde, la Verse, etc.

Le sable et l'argile dominent dans une grande partie de l'arrondissement, et surtout aux environs de Noyon, dont les environs sont partagés en vallées et en collines ; il est très-boisé.

Il est composé de 8 cantons ou chefs-lieux de justices-de-paix, renfermant 157 communes.

Cantons.	Communes.	Population.	Sup. en hect.
COMPIÈGNE..........................	12	17,200	
Attichy............................	20	12,239	
Estrées–Saint-Denis	18	10,786	
Guiscard	20	8,513	129,429 hectares.
Lassigny.........................	22	11,003	
Noyon	23	17,351	
Ressons	24	10,800	
Ribecourt.......................	18	10,915	
	157	98,807	129,420

Canton et ville de Compiègne (12 Communes).

	h.		h.
COMPIÈGNE...........10,795		Margny-lèz-Compiè-	
Bienville..............	239	gne	690
Choisy-au-Bac......	850	Saint-Jean-aux-Bois	438
Clairoix	681	Saint-Sauveur	787
Janville	232	Venette	890
Jaux..................	1043	Vieux-Moulin.......	390
La Croix-St-Ouen...	1216		

Compiègne (Compendium), chef-lieu d'arrondissement communal, à 65 kilomètres E. de Beauvais, 75 de Paris, sur le chemin de fer de Paris à Saint-Quentin. Cette ville est assise sur la rive gauche de l'Oise, dans une situation très-agréable, entre cette rivière et la forêt. Une partie de Compiègne est sur une éminence, le reste sur la pente de cette hauteur; la plupart des rues sont mal percées, mal bâties; néanmoins les environs du château et principalement la place d'armes, ont de jolies habitations; la rue Saint-Corneille se fait remarquer depuis qu'elle a été reconstruite.

On remarque à Compiègne :

Le Château. Ce monument, sous Louis XV, fut à peu près rebâti sur les dessins de l'architecte Gabriel; il a toute l'étendue et la magnificence qui conviennent à un palais. Ce fut dans ce château que Napoléon, au mois de mai 1808, relégua Charles IV roi d'Espagne, son épouse, leur favori Godoï et sa suite. Le 27 mars 1810, à neuf heures du soir, arriva dans le château Marie-Louise, archiduchesse d'Autriche, venue en France pour épouser Napoléon. Ce fut là que les futurs époux se virent pour la première fois;

L'Eglise Saint-Jacques, édifice curieux en partie du xiiie siècle, en partie du xive et du xve;

L'Eglise Saint-Antoine, d'une belle architecture gothique;

L'Hôtel-de-Ville, monument de bon goût, de la dernière période de l'art gothique.

La forêt de Compiègne est célèbre par sa vaste étendue, environ 15,000 hectares; elle s'appelait jadis *forêt de Guise*.

HISTORIQUE. — Compiègne n'était, dans l'origine, qu'une résidence de chasse des rois de France de la première race, qui se plaisaient dans les immenses forêts qui entouraient ce lieu. Cette maison devint un palais auquel Charles-le-Chauve donna de l'importance. Il y fit bâtir deux châteaux, y fonda la célèbre église de Saint-Corneille et Saint-Cyprien, avec cent chanoines pour la desservir [1]. — Louis-le-Bègue y fut couronné en 877, et y mourut. Le roi Eudes y reçut la couronne, et Louis-le-Fainéant y fut inhumé. Les rois de seconde race y battaient monnaie. Cette ville tomba au pouvoir des Bourguignons en 1413, pendant les guerres civiles. Après plusieurs prises et reprises, Compiègne ouvrit ses portes à Charles VII, à la suite de son couronnement. — Jeanne d'Arc s'y retira avec ses troupes, et c'est dans une sortie qu'elle fut faite prisonnière par les Anglais, à la porte de la ville, qu'on ferma trop précipitamment. — Compiègne était autrefois ceinte de fortes murailles flanquées de tours et percées de sept portes. C'est près de celle du vieux pont que fut prise l'héroïque guerrière.

Cette ville a vu naître :

Pierre d'Ailly, chancelier de l'université de Paris, confesseur et aumônier de Charles VI ;

(1) Le premier jeu d'orgues qui parut en France fut envoyé en 757, par l'empereur Constantin Copronyme, à Pépin, roi de France, qui était à Compiègne, et qui en fit présent à l'église Saint-Corneille de cette ville. — Cette sorte d'instrument était alors réduit à de très petites dimensions et servait à accompagner le chant à l'unisson.

Jean Fillion de Venette, poëte ou légendaire du XIV° siècle;

Jacques de Billy, mathématicien et astronome;.

Marc-Antoine Hersan, professeur distingué au XVIII° siècle;

Dom Pierre Coutant, savant bénédictin.

INDUSTRIE. — Fabriques de drap, de toiles, cordages pour agrès, construction de bateaux.

COMMERCE de toiles, laines, bois, cendres végétales, fruits, etc.

Sous-préfecture, tribunal civil, tribunal de commerce, collége communal (collége Louis-Napoléon.) Ecole primaire supérieure et école primaire annexées au collége. — Société d'agriculture. Embarcadère du chemin de fer du Nord.

Saint-Jean-aux-Bois portait anciennement le nom de *Guise*, à cause de sa position au milieu de la forêt de ce nom (celle de Compiègne). La chaussée de Brunehaut passait dans cette commune.

Saint-Sauveur s'appelait autrefois *Geroménée*. Son nom actuel lui vient d'un combat qui s'y livra entre les Anglais de Creil et les soldats de la garnison de Béthisy. Le chef de ces derniers fit vœu, dans le cas où il remporterait la victoire, de reconstruire la chapelle, qui alors était en très-mauvais état. Les Anglais ayant été complètement défaits, la chapelle *Géromenée* fut édifiée sous le nouveau nom de Saint-Sauveur, que prit également la commune.

Canton d'Attichy (20 Communes).

	h.		h.
ATTICHY	960	Jaulzy	438
Autrèches	811	Moulin-sous-Touvent	355
Berneuil-sur-Aisne...	600	Nampcel...............	740
Bitry..................	435	Pierrefonds	1565
Chelles	421	Rethondes............	529
Couloisy	183	Saint-Crépin-aux-Bois	380
Courtieux.............	132	Saint-Etienne	403
Croutoy...............	222	Saint-Pierre-lès-Bitry	196
Cuise-Lamotte........	972	Tracy-le-Mont........	1460
Haute-Fontaine......	281	Trosly-Breuil........	885

Attichy, chef-lieu de canton, à 20 kilomètres E. de Compiègne, 84 de Beauvais, sur la pente d'une colline, sur la rive droite de l'Aisne, dans une situation pittoresque. Château dont la construction remonte au xe siècle. Cette terre passa, en 1123 dans la maison de Montmorency ; en 1750 elle appartenait à Godefroy de la Tremouille. Henri IV coucha dans le château les 18, 19 et 20 novembre 1590. Les fouilles faites aux environs d'Attichy ont donné lieu à des découvertes celtiques et romaines.

Chelles a une église qui passe pour une des plus anciennes du Valois.

Courtieux. Les habitants devaient au batelier un pain par ménage pour passer l'eau à Vic-sur-l'Aisne.

Pierrefonds, lieu ancien, fameux dans l'histoire du Valois, à cause de son château et de la puissance de ses seigneurs, renommés dès le x⁴ siècle, et dont les domaines s'étendaient sur une portion considérable des forêts de Guise et de Betz, et sur un grand nombre de seigneuries. Ils faisaient la loi à toute la contrée.

Rethondes. Les habitants payaient une redevance de cent sous aux moines de Sainte-Croix d'Offemont, moyennant quoi ils avaient droit d'usage dans la forêt de Laigue.

Saint-Crépin-aux-Bois avait une abbaye fondée par Jean de Nesle. C'est au château d'Offemont, qui se voit encore aujourd'hui sur une colline, que fut élevée Marguerite d'Aubray, marquise de Brinvilliers, qui s'est acquise une triste célébrité.

Canton d'Estrées-Saint-Denis (18 Communes).

	h.		h.
Estrées-Saint-Denis	1376	Houdancourt	817
Armancourt	258	Jonquières	655
Arsy	753	Lachelle	274
Cahly	540	Lemenx	931
Chevrières	898	Longueil-Ste-Marie	806
Fayel	186	Montmartin	125
Francières	480	Moyvillers	514
Grand-Fresnoy	1097	Remy	864
Hemevillers	469	Rivecourt	312

Estrées-Saint-Denis, chef-lieu de canton, à 16 kilomètres O. de Compiègne, 50 de Beauvais ; lieu ancien, situé sur une voie romaine, et sur le territoire duquel on a trouvé de nombreux vestiges antiques.

Fabriques de toile de chanvre et de cordes de tille. Commerce de chevaux et vaches flamandes.

Canly. Il existe près de l'église des souterrains dans lesquels les habitants se réfugièrent pendant les guerres du moyen âge.

Chevrières a une église gothique avec de beaux vitraux de 1545.

Fayel possède un château de bon style, attribué à Mansard, avec des jardins dessinés par Lenôtre. On y voit l'appartement qu'occupa Louis XIV en 1656, lorsqu'il fut au-devant de la reine Christine de Suède.

Grand-Fresnoy. Les rois de France y avaient droit de gîte.

Jonquières a un tumulus gaulois, sur une éminence sablonneuse, appelée la *Tombissoire*.

Longueil-Sainte-Marie avait jadis un château-fort célèbre en Picardie par les exploits d'un nommé *Ferret,* dit le Grand, contre les Anglais en 1358. Le château fut pris et repris plusieurs fois pendant les guerres du xve siècle.

Rémy était un domaine royal. Il y avait un château-fort qui fut pris et repris pendant les guerres des Anglais au xiv° siècle et au xv°, et qui a subsisté jusqu'en 1797. L'église est un grand édifice du xvi° siècle.

Rivecourt avait, sous les rois de la première race, une maison de péage général de la rivière d'Oise. L'église est du xvi° siècle. — Patrie du *Grand Ferret*, qui s'est signalé au xiv° siècle dans les guerres de la Jacquerie et des Anglais.

Canton de Guiscard (20 Communes).

	h.		h.
GUISCARD	1611	Golancourt	507
Beaugies	213	Le Plessis-Patte-d'Oie	233
Berlancourt	379	Libermont	445
Bussy	245	Maucourt	159
Campagne	180	Murancourt	472
Catigny	305	Ognolles	476
Crisolles	492	Quesmy	228
Flavy-le-Meldeux	404	Sermaize	195
Freniches	467	Solente	300
Fretoy	384	Villeselve	717

Guiscard, chef-lieu de canton, à 32 kilomètres N.-N.-E. de Compiègne, 100 de Beauvais ; assez bien bâti, sur la petite rivière de la Verse, s'appelait autrefois *Magny*. Il a pris son nom de Louis Guiscard, ambassadeur de Louis XIV en Suisse, et dont les ancêtres avaient rendu de grands services à ce prince. Guiscard était autrefois défendu par un château-fort qui fut remplacé, en 1708, par un monument moderne détruit depuis 1830. On voit dans cette commune une de ces buttes ou tombelles que les peuples du Nord élevaient sur les cendres de leurs braves.

Fabrique d'alun, de couperose ; commerce de grains et de bois.

Muirancourt a des fabriques d'alun et de couperose.

Solente fut pillé à diverses époques : d'abord par Robert Knolles, chef anglais, qui ravagea la Picardie ; puis, en 1472, par le duc de Bourgogne ; et enfin, en 1653, par Condé, à la tête des Espagnols, et qui ne laissa que deux maisons debout.

Fonderie de cloches.

Villeselve, ancienne commanderie de Templiers.

Canton de Lassigny (22 Communes).

	h.		h.
LASSIGNY	946	Evricourt	204
Amy	473	Fresnières	240
Avricourt	306	Gury	241
Beaulieu	722	La Berlière	188
Candor	592	Lagny	844
Canectancourt	395	Mareuil-Lamotte	663
Canny-sur-Matz	367	Margny-aux-Cerises	338
Crapeaumesnil	208	Plessis-de-Roye	382
Cuy	344	Roye-sur-Matz	510
Dives	408	Thiescourt	1256
Ecuvilly	399		
Elincourt-Ste-Marguerite	784		

Lassigny, chef-lieu de canton, à 27 kilomètres N. de Compiègne, et 73 de Beauvais. On remarque près de ce bourg la tour Roland, ancienne construction qui ne consiste plus qu'en une motte circulaire, ayant 180 mètres de circonférence, entourée de fossés larges de 15 mètres, et recouvrant une grande quantité de fondations, d'où l'on extrait journellement des pierres de taille et autres matériaux. On y a trouvé à différentes reprises des médailles, des ossements, des fragments de vases, des armes.

Beaulieu, autrefois important et défendu par trois forteresses. Peu de jours après la prise de Jeanne d'Arc, arrivée le 24 juin 1429 devant

Compiègne, Jean de Luxembourg, à la garde duquel elle avait été remise, l'envoya sous bonne escorte au château de Beaulieu, et de là à Beaurevoir, en Artois, où elle demeura long-temps prisonnière. En 1465, les troupes de Jean-Sans-Peur mirent le siége devant cette pe-tite ville, dont les habitants se défendirent avec opiniâtreté ; mais ayant été vaincus, ils virent leur place démantelée par ordre du comte de Charollais.

Canny-sur-Matz a une église qui possède plusieurs vitraux du XVIe siècle.

Canton de Noyon (23 Communes).

	h.		h.
NOYON	6322	Morlincourt	260
Apilly	335	Passel	210
Babœuf	634	Pont-l'Evêque	493
Beaurains	185	Pontoise	535
Béhéricourt	417	Porquericourt	315
Bretigny	427	Salency	828
Caisne	780	Sempigny	530
Cuts	1449	Suzoy	371
Genvry	217	Varesnes	510
Grandru	565	Vauchelles	258
Larbroye	232	Ville	747
Mondescourt	375		

Noyon (Noviodunum), chef-lieu de canton, à 30 kilomètres N.-E. de Compiègne, 90 de Beauvais ; jolie et très-ancienne ville, au pied et sur le penchant d'une colline, près de la belle vallée de Chauny. Noyon est entourée d'une quantité innombrable de jardins cultivés avec art, qui donnent l'idée de l'abondance et de la richesse. Elle est bien bâtie, bien percée, ornée de fontaines publiques et traversée par la Verse, qui s'y divise en deux branches et va se jeter dans l'Oise à un kilomètre de là.

On y remarque :

L'Eglise cathédrale, bâtie par Pepin-le-Bref et par Charlemagne, un des monuments religieux les plus remarquables de France; et où l'on trouve l'alliance du plein cintre avec l'ogive ;

L'Hôtel-de-Ville, presque semblable à celui de Compiègne par le style et la date, 1499 ;

L'ancien *Palais épiscopal.*

HISTORIQUE. — Noyon est une des plus anciennes villes des Gaules, puisque César raconte dans ses Commentaires, qu'il mit le siége devant ses murs. — Clovis s'en rendit maître en 488. — Au VII⁰ siècle, elle fut la résidence de saint Eloi, trésorier du roi Dagobert. Elle fut pendant quelque temps la capitale de l'empire de Charlemagne. Les Normands la prirent et la saccagèrent ; les Espagnols la brûlèrent totalement après la fameuse bataille de Saint-Quentin. — Les comtes de Noyon, officiers royaux sous les Carlovingiens, disparurent au XI° siècle, et Philippe-Auguste amortit le comté envers de l'église de Noyon.

Noyon est la patrie de *Jean Calvin*, fils d'un tonnelier, en 1509, réformateur et fondateur de la secte qui porte son nom ; de *Jean Sarrasin*, sculpteur célèbre du XVI° siècle ; du ministre *Lebrun*.

Fabriques de toiles, tulles, tanneries, etc. Commerce de grains, toiles, laines, tulles, etc.

Ecole secondaire ecclésiastique. Embarcadère du chemin de fer du Nord:

Passel avait, sur la montagne, un couvent de chartreuses, fondé en 1308. On en voit encore les vastes bâtiments.

Pont-l'Evêque. En 1436, ce lieu fut le théâtre d'un engagement entre les Anglais et les troupes françaises commandées par Jeanne d'Arc.

Salency, patrie de saint Médard, évêque de Noyon, qui institua la fête de la Rosière, pour laquelle il affecta une redevance de 25 liv. tournois, qui était donnée chaque année à *la fille la plus vertueuse* de la paroisse de Salency. — Le jour de l'intronisation, l'évêque de Noyon était reçu dans la ville par le seigneur de Salency qui était obligé de tenir la bride de sa monture, laquelle devenait ensuite sa propriété.

Canton de Ressons (24 Communes).

	h.		h.
RESSONS	1001	Hainvillers	115
Antheuil	205	La Neuville-s-Ressons	164
Baugy	286	La Taulé	263
Belloy	109	Margny-sur-Matz	379
Biermont	211	Marqueglise	325
Boulogne-la-Grasse	698	Monchy-Humières	740
Braine	117	Mortemet	338
Conchy-lès-Pots	855	Neufvy	200
Coudun	570	Orvillers-Sorel	716
Cuvilly	713	Ricquebourg	376
Giraumont	350	Vignemont	302
Gournay-sur-Aronde	879	Villers-sous-Coudun	376

Ressons, chef-lieu de canton, à 20 kilomètres N.-N.-O. de Compiègne, 70 de Beauvais, fut une baronnie où les rois avaient droit de gîte. Les Bourguignons enlevèrent le château en 1430; mais les Royalistes le leur reprirent bientôt. — Patrie d'*Antoine de Mouchy*, docteur en Sorbonne, l'un des plus grands adversaires du protestantisme, inquisiteur de la foi en France.

Baugy a un beau château.

Conchy-lès-Pots possède deux églises; celle de Saint-Nicaise a de beaux vitraux du XVI° siècle. — Commerce de fromages renommés.

Gournay-sur-Aronde. Philippe-Auguste fit fortifier ce bourg en 1190, lorsqu'il partit pour la Terre-Sainte. Durant les guerres du moyen âge, Gournay devint un des points les plus importants de la Picardie ; il fut entièrement détruit en 1430. Louis XIV coucha à Gournay le 12 mai 1678. Joli château.

Monchy-Humières. Louis XIV y séjourna les 14, 15, 16 et 17 mars 1666. Tout près, il y avait autrefois une abbaye de femmes, fondée en 1238, par Mathieu de Roye, et dotée de revenus considérables. Beau château.

Villers-sous-Coudun avait autrefois, dans ses bois, un château qui appartenait à Guillaume de Flavi, gouverneur de la ville de Compiègne, lors de la prise de Jeanne d'Arc.

Canton de Ribecourt (18 Communes).

	h.		h.
Ribecourt	609	Machemont	657
Bailly	429	Marest	363
Cambronne	561	Melicoq	304
Carlepont	1653	Montmacq	327
Chevincourt	670	Pimprez	506
Chiry	1381	Saint-Léger-aux-Bois	703
Dreslincourt	549	Thourotte	400
Le Plessis-Brion	463	Tracy-le-Val	367
Longueil-sous-Thourotte	334	Vandélicourt	222

Ribecourt, chef-lieu de canton, à 17 kilomètres N.-E. de Compiègne, 80 de Beauvais, près de la rive droite de l'Oise, sur le canal du même nom. A l'O., sur la colline, on voit des vestiges d'une ancienne forteresse qui dut être considérable, et qui fut détruite au temps de la Jacquerie.

Station du chemin de fer du Nord.

Cambronne, autrefois chef-lieu d'une seigneurie.

Carlepont. Les évêques de Noyon avaient, dans ce lieu, une maison de plaisance où ils demeuraient habituellement. Beau château.

Chiry a une manufacture de coton au hameau d'*Ourscamp*, dans les bâtiments de la célèbre abbaye du même nom, fondée, au commencement du XII° siècle, par l'évêque Simon. A l'O. de Chiry, sur la colline, est le château de *Mauconseil*, forteresse considérable, qui joua un rôle important pendant les guerres du XIV° siècle, et dont les Anglais s'emparèrent, en 1358, et mirent, de là, tout le pays à contribution.

Saint-Léger-aux-Bois. Eglise romane de la fin du XI° siècle.

Thourotte était, au X° siècle, un manoir considérable, duquel dépendaient plusieurs seigneuries. Dans l'église, objets d'art et de sculpture sur bois, remarquables. — Station du chemin de fer du Nord.

Tracy-le-Val a un clocher remarquable par son ornementation.

Arrondissement de Senlis.

Cet arrondissement, qui se trouve dans la partie méridionale du département, a pour bornes : au N. les arrondissements de Clermont et de Compiègne ; au S. le département de Seine-et-Marne ; à l'E. le département de l'Aisne, et à l'O. l'arrondissement de Beauvais.

Il est arrosé par l'Oise, l'Automne, la Nonette, la Thève, l'Eve, la Grivette, etc.

Il offre, au N., de vastes plaines consacrées exclusivement à la culture des grains ; au N. et à l'O., un sol sablonneux couvert de forêts ; au S., des plaines de sables arides ou occupées par des bois médiocres.

Il est composé de 7 cantons ou chefs-lieux de justices-de-paix renfermant 133 communes.

Cantons.	Communes.	Population.	Sup. en hect.
SENLIS......................	17	13,338	
Betz.........................	25	9,040	
Creil.......................	19	17,123	
Crépy......................	25	14,373	
Nanteuil....................	19	9,083	
Neuilly-en-Thelle..........	15	10,500	
Pont-Sainte-Maxence.......	13	9,110	
	133	82,567	134,235

134,235 hectares.

Canton et ville de Senlis (17 Communes).

	h.		h.
SENLIS	5802	Ognon	124
Aumont	236	Orry	727
Barberie	244	Plailly	1051
Chamant	468	Pont-Armé	493
Courteuil	295	Saint-Firmin	936
La Chapelle-en-Ser-		Saint-Léonard	531
val	620	Thiers	281
Montepilloy	171	Villers-Saint-Fram-	
Mont-l'Evêque	497	bourg	613
Mortefontaine	368		

Senlis (Silvanecti), chef-lieu d'arrondissement communal, à 48 kilomètres S.-E. de Beauvais, 43 de Paris, fort agréablement située sur la pente d'une colline, non loin des forêts de Chantilly, d'Hallate et d'Ermenonville, un peu au-dessous du confluent des deux petites rivières de la Nonette et de l'Aunette. Cette ville se compose de deux parties; l'enceinte de l'ancienne ville, ou la cité, ouvrage des Romains, et trois faubourgs qui l'entourent. La cité est de forme ovale, entourée de murailles et de boulevards. Senlis est en général assez bien bâtie; cependant on y voit beaucoup de rues étroites et tortueuses. La principale, celle de Paris, est la plus belle. Cette ville est peu riche en constructions publiques.

On y remarque :

La Cathédrale, édifice remarquable, qui date, en grande partie, du xiie siècle. Elle est d'un beau gothique ; la flèche est surtout d'une grande hardiesse ;

Les ruines considérables du *vieux Château*, monument du xiiie siècle.

La jolie *Salle de spectacle* élevée dans l'ancienne église de Saint-Aignan.

HISTORIQUE. — Cette ville fut fondée par les *Silvanectes*, petite nation de la deuxième Belgique, qui nommèrent leur capitale *Silvanecti*, d'où vient le nom de Senlis. Les Romains la fortifièrent. On y battit monnaie sous les Mérovingiens. Les Carlovingiens y avaient un palais où Pepin, roi d'Aquitaine, fut enfermé en 853. Charles-le-Chauve y fit détenir son fils Carloman, qui s'était révolté contre lui. — En 1180, Philippe-Auguste, après son mariage à Reims avec Elisabeth de Hainaut, y vint célébrer ses noces. Durant les troubles de la Ligue, on fit de vaines tentatives pour surprendre cette ville. Il s'y est tenu plusieurs conciles.

Senlis a vu naître :

Baumé, célèbre pharmacien ;

Lefebvre de Villebrune, orientaliste et helléniste.

INDUSTRIE. — Fabriques de toiles et dentelles ; chicorée, tannerie, travail de laine, filature de coton.

COMMERCE de grains, farines, laines, vins, bois de charpente.

Les eaux de la Nonette passent pour être propres au lavage des laines.

Sous-préfecture, tribunal civil, bibliothèque publique. Institution de Saint-Vincent. Société d'agriculture.

Aumont a des carrières de sable bleuâtre qui sert à la manufacture des glaces de Saint-Gobain (Aisne.)

Chamant est intéressant pour les naturalistes, à cause du grand nombre de coquilles fossiles contenues sur son territoire.

Mont-l'Evêque présente les ruines de l'abbaye de la *Victoire*, de l'ordre de Saint-Augustin, fondée par Philippe-Auguste, après la bataille de Bouvines.

Mortefontaine est renommé à cause de son château, l'un des plus remarquables des environs de Paris. Ce château fut choisi, le 30 octobre 1800, pour y réunir les consuls français et les ministres américains, à l'occasion de la signature du traité de paix passé entre la République française et les Etats-Unis d'Amérique. On y donna une fête avec illumination sur les pièces d'eau du grand parc.

Canton de Betz (25 Communes).

	h.		h.
Betz	606	Levignen	374
Acy-en-Multien	782	Mareuil-sur-Ourcq	757
Antilly	176	Marolles	633
Anteuil-en-Valois	505	Neufchelles	250
Bargny-le-Davien	235	Ormoy	188
Bouillancy	429	Reez Fosse-Martin	141
Boullarre	194	Rouvres	268
Boursonne	336	Rozay ou Rozoy-en-	
Bregy	673	Multien	315
Cuvergnon	287	Thury-en-Valois	500
Etavigny	181	Varinfroy	165
Gondreville	201	Villers-Saint-Genest	207
Ivors	407		
La Villeneuve-sous-			
Thury	133		

Betz, chef-lieu de canton, à 35 kilomètres E.-S.-E. de Senlis, 85 de Beauvais, dans une vallée, sur la rivière de la Grivette. Avant la révolution, le château était une des plus délicieuses habitations des environs de Paris. On y remarque dans le parc un temple à l'Amitié, un ermitage et une ruine représentant les restes d'un vieux château flanqué d'une tour élevée. Au milieu d'un bois planté d'arbres verts sont les tombeaux de Thibault, Roger et autres, propriétaires de cette terre.

Rozay ou Rozoy-en-Multien a une petite église de l'époque de transition du plein cintre à l'ogive.

Canton de Creil (19 Communes).

	h.		h.
CREIL	2656	Montataire	2657
Apremont	697	Nogent-lès-Vierges	892
Blaincourt	457	Precy-sur-Oise	802
Chantilly	2454	Saint-Leu-d'Esserent	1314
Coye	929	Saint-Maximin	910
Cramoisy	368	Saint-Vaast-lès-Mello	517
Gouvieux	1082	Tiverny	145
La Morlaye	568	Villers-Saint-Paul	412
Maysel	157	Villers-sur-Saint-Leu	228
Mello	468		

Creil, chef-lieu de canton, à 11 kilomètres N.-O. de Senlis, et 38 de Beauvais, petite ville agréablement située sur la rive gauche de l'Oise, qui y forme une île. L'église remonte au vie siècle et son clocher est bien bâti. Creil était déjà au ixe siècle une ville que les Normands prirent et pillèrent plusieurs fois. Cette terre appartint presque toujours à la couronne. En 1434, les Anglais assiégèrent et prirent le château que Charles V avait fait rebâtir et fortifier. L'armée française expulsa les ennemis sept ans plus tard, après douze jours de siége. En 1567, les Calvinistes, s'étant emparés de cette ville, pillèrent les églises. Elle fut prise sous la Ligue, en 1588. Le château, qui était situé dans une petite île, au-dessous du pont, fut démoli par ordre du prince de Condé, quelques années avant

1780. On y montrait une chambre, dont le balcon était fermé par une grille de fer, et où le malheureux Charles VI fut renfermé lors de sa démence.

Manufacture de porcelaine ; fabrique considérable de faïence. Embarcadère. Un autre chemin doit aller de Creil à Beauvais, passant par la riche et industrieuse vallée du Thérain.

Chantilly, jolie petite ville, sur la rive droite de la Nonette, et près de la forêt du même nom. Cette terre appartenait au seigneur de Senlis dès le XIe siècle. Elle appartint au XIVe siècle à la maison de Montmorency, et fut confisquée sur le duc Henri, en 1632. Donnée par Louis XIII au prince de Henri de Condé, elle resta dans cette famille jusqu'à nos jours. Le somptueux château de Chantilly a été, depuis le XVIe siècle, le séjour des princes et des rois ; c'est surtout au Grand Condé que l'on doit ses embellissements. Il y donna à Louis XIV des fêtes merveilleuses en 1671. Les châteaux, le parc et les jardins faisaient de Chantilly une résidence princière des plus remarquables. Il n'existe plus que le petit château et celui d'Enghien. Le grand château a été détruit à la révolution. Sous le gouvernement impérial, la forêt de Chantilly fut donnée à la reine Hortense à titre de dotation.

C'est à Chantilly qu'ont lieu tous les ans les plus brillantes courses de chevaux. Des prix nombreux sont disputés par les plus beaux chevaux de race.

Chantilly est en France l'un des centres principaux de la confection des dentelles ordinaires et des dentelles de soie appelées *Blondes*. — Ce genre d'industrie y a été introduit en 1710 par M. Moreau. Ainsi l'aisance et le bonheur coulent dans Chantilly, par des conduits impérissables, l'industrie et les travaux des habitants. Il y a en outre une-manufacture de porcelaine, etc.; embe.. adôre.

Mello. On y remarque encore le manoir féodal, très-bien conservé, bâti par les Dreux de Mello, et qui existait en l'an 800.

Montataire, jolie petite ville en partie dans la vallée du Thérain, et en partie dans celle de l'Oise. C'est, dit Dulaure, dans l'église de Montalaire, bâtie au sommet d'une montagne, que Pierre l'Ermite a commencé de prêcher la croisade. Un peu au-dessous est le château, qu'on dit avoir été occupé par Henri IV, et plus tard par Massillon, dont on montre l'appartement. Suivant une tradition locale, César, en entrant dans le Beauvoisis, s'arrêta à Montataire dont il admira la charmante position. — Il existe à Montataire une usine métallurgique d'une grande importance.

Nogent-les-Vierges est un des plus anciens lieux du Beauvoisis. — Un antiquaire regarde cette commune comme un établissement de Clovis, qui vint camper sur les bords de l'Oise, à l'époque où il reculait les limites de son empire, chassant devant lui ce qui restait de légions romaines.

Saint-Leu-d'Esserent a une église de l'époque dite de transition.

Villers-saint-Paul. L'église est un monument très-ancien ; la nef est romane ; le chœur et les bras de la croisée sont gothiques, éclairés par de larges croisées composées chacune de trois ogives. — Le château appartenait au maréchal Gérard.

Canton de Crépy (25 Communes).

	h.		h.
CRÉPY	2787	Nery	573
Augez-Saint-Vincent	858	Ormoy-Villers	290
Bethancourt	225	Orrouy	648
Béthisy-Saint-Martin	814	Rocquemont	151
Béthisy-Saint-Pierre	1568	Rouville	194
Bonneuil-en-Valois	781	Russy	271
Duvy	247	Saintines	489
Emeville	188	Sery	238
Feigneux	329	Trumilly	319
Fresnoy-la-Rivière	570	Vauciennes	464
Gilocourt	589	Vaumoise	238
Glaignes	334	Vez	372
Morienval	869		

Crépy, chef-lieu de canton, à **22** kilomètres E. de Senlis, 70 de Beauvais, petite ville anciennement capitale du duché de Valois, entre deux ruisseaux qui l'entourent en partie, et qui vont se jeter dans l'Automne. Crépy est environné d'un cours planté d'arbres et de promenades agréables.

On y remarque les ruines de l'église Saint-Thomas, dont le clocher, encore debout, est d'un bon style ogival du xiii° siècle ; les colonnes de l'église de Saint-Denis, qui sont regardées comme un chef-d'œuvre d'architecture, et plusieurs maisons particulières qui ne manquent pas de caractère.

Crépy n'était jadis qu'un château, construit à la fin du x° siècle, par Gauthier-le-Vieux, comte d'Amiens, qui fonda ensuite l'abbaye de Saint-Arnould. Dans la suite et jusqu'à la fin du xiii° siècle, cette ville fut l'une des plus fortes places de cette époque. Les rois de France y avaient un palais ou maison royale. Crépy éprouva de grands dommages dans les guerres du xv° siècle. Elle fut prise en 1431 par les Anglais et les Bourguignons, qui la pillèrent, y mirent le feu et détruisirent ainsi plus de 1,800 maisons. C'est à Crépy que fut signé en 1544 le traité de paix dont la conclusion éloigna l'armée de Charles-Quint qui menaçait déjà la capitale. En

1588, la ville fut prise par les Ligueurs ; Henri IV la reprit ensuite et fit réparer les fortifications.

Patrie d'*Albin des Avenelles*, poëte de la cour de Louis XII; de *Philippe des Avenelles*, habile avocat et ardent royaliste pendant la Ligue ; de *Bouchel*, jurisconsulte célèbre du xvii° siècle, etc.

Fabriques de tissus de coton ; commerce considérable de grains, de grosse toile de ménage, fil commun.

Béthisy-Saint-Pierre, autrefois terre du domaine royal. La reine Constance y fit bâtir, vers 1126, une forteresse dans l'intérêt de son second fils qu'elle n'avait pu faire couronner à la place de Henri Iᵉʳ. Cette forteresse fut souvent le séjour des premiers Capétiens. — Le mariage de Louis VII avec Eléonore de Guyenne y fut célébré en grande pompe en 1137. — La forteresse fut ruinée dans les guerres du xv° siècle ; la grosse tour existait encore sous Louis XIII.

Morienval renfermait sous les Mérovingiens une maison de chasse que Dagobert Iᵉʳ visitait souvent, ainsi que ses successeurs. Dagobert y avait fondé une célèbre abbaye de l'ordre de Saint-Benoît, pour deux communautés d'hommes et de femmes; elle fut ravagée au xiii° siècle. Eglise de style de transition et présentant des parties très-intéressantes.

Orrouy a, dans son église, de nombreux vitraux, dont quelques-uns portent la date de 1542. Le camp romain des Tournelles ou de Champlien est situé près du hameau de *Champlien.*

Vez fut la première capitale du Valois. Son château, fort vaste, a soutenu plusieurs siéges.

Canton de Nanteuil (19 Communes).

	h.		h.
ANTEUIL	1564	Le Plessis-Belleville.	301
ron	850	Montagny-Sainte-Fé-	
issy-Fresnoy	600	licité	473
rest	359	Montlognon	224
hevreville	322	Ognes	208
rmenonville	440	Peroy-lès-Gombries	421
ve	809	Rosières	193
ontaine-lès-Cornu.	892	Silly-le-Long	596
resnoy-le-Luat	359	Ver	600
gny-le-Sec	352	Versigny	448

Nanteuil, chef-lieu de canton, à 29 kilomè-res E.-S.-E. de Senlis, 68 de Beauvais, dans un ond où commence la vallée de la Nonette. — bourg, très-ancien, est assez bien bâti, mais la plupart des rues sont extrêmement étroites. Il y avait un château spacieux et très-bien bâti, qui fut démoli dans la révolution.

Fabriques de passementerie. Commerce de grains et de farines.

Baron, autrefois muré, a un beau château. Le chœur de l'église est orné de boiseries sculptées d'une belle exécution, provenant de l'abbaye Chaalis.

Borest, un des lieux les plus anciens du pays de Valois, et jadis ceint de murailles.

Ermenonville. C'est dans cette commune, dont le site est délicieux, que J.-J. Rousseau se retira pendant les derniers mois de sa vie, et qu'il y succccomba, dans l'espace de deux heures, à une attaque d'apoplexie séreuse, le 2 juillet 1778. On y voit encore son tombeau.

Canton de Neuilly-en-Thelle (15 Communes).

	h.		h.
Neuilly-en-Thelle,	1703	Ercuis	703
Balagny-sur-Thérain	707	Foulangues	182
Belle-Eglise	352	Fresnoy-en-Thelle	404
Boran	790	Le Mesnil-Saint-Denis	438
Chambly	1331	Morangles	293
Cires-lès-Mello	1223	Puiseux-le-Hauberger	511
Crouy-en-Thelle	443	Ully-Saint-Georges	1046
Dieudonné	548		

Neuilly-en-Thelle, chef-lieu de canton, à 20 kilomètres O. de Senlis, 35 de Beauvais, dont l'église fut incendiée du temps de la Jacquerie. On a trouvé, en creusant autour, quantité d'ossements, des monnaies enfouies pêle-mêle, ce qui semble indiquer qu'il se livra un combat meurtrier près de cet édifice. — Le vieux château est du xvi⁰ siècle. Il y avait jadis une maison de Templiers au hameau de *Bellay*. — Ateliers à tordre et à retordre la soie et le coton.

Balagny-sur-Thérain. C'est dans le château de cette commune que *Grotius* composa son *Traité des droits de la guerre et de la paix.*

Boran. Les habitants prirent une part active aux révoltes de la Jacquerie du xiv⁰ siècle. —

Il y avait un prieuré de femmes, connu sous le nom de *Saint-Martin-les-Boran*, et qu'on croit avoir été fondé par les comtes de Beaumont-sur-Oise.

Foulangues a une église curieuse de l'époque de transition.

Canton de Pont-Sainte-Maxence (19 Communes).

	h.		h.
PONT-STE-MAXENCE.	2444	Roberval	814
Beaurepaire........	105	Rully	662
Brasseuse..........	122	St-Yaast de Longmont.	252
Fleurines..........	826	Verberie..........	1345
Pontpoint..........	1000	Verneuil..........	1116
Raray.............	189	Villeneuve-s-Verberie	482
Rhuis.............	143		

Pont-sainte-Maxence, chef-lieu de canton, à 15 kilomètres N. de Senlis, 46 de Beauvais, petite ville dans une belle situation sur la rivière d'Oise, à l'extrémité d'une plaine et au pied d'une colline couronnée par la forêt d'Hallate. — Les rues sont pavées, bien entretenues, et bordées de maisons bâties en pierres de taille, de construction moderne, et à plusieurs étages ; on y voit cependant encore quelques bâtiments

construits dans le moyen âge. — On y remarque,
sur l'Oise, un très-beau pont de trois arches,
ayant chacune 80 mètres d'ouverture, construit
en 1777 par le célèbre architecte Péronnet. —
Les Anglais s'emparèrent de cette ville en 1359.
Elle fut encore exposée aux malheurs de la
guerre au xv° et au xvi° siècles. — Les Ligueurs
la prirent en 1588.

Patrie de *Guerin*, chancelier de France sous
Philippe-Auguste.

Fabrique de chapeaux feutrés; tanneries, etc.
— Commerce considérable de blé pour l'appro-
visionnement de Paris, cuirs, laines, vin. —
Station du chemin de fer du Nord.

Verberie, joli et très-ancien bourg, sur la
rive gauche de l'Oise, et au pied d'une colline.
Verberie est l'une des douze villes dont le
royaume de Soissons était originairement composé. Les rois de la première race y avaient fait
construire un palais que Charlemagne fit rebâtir sur un plan vaste et magnifique. — Pepin y
convoqua un concile en 752. Charles-le-Chauve,
qui y venait souvent, y maria, en 856, sa fille
Judith avec Edifwif, roi de l'Angleterre méridionale. Le palais, saccagé par les Normands en
885, fut brûlé en 1359 par les Anglais et les

Navarrois, reconstruit en 1369 par Charles V, et démoli par ordre de Charles VII en 1431. Verberie souffrit beaucoup par la présence des armées prussiennes et anglaises en 1815.

Patrie de l'abbé *Carlier*, historien du Valois et agronome.

Manufacture d'alun et de couperose.

Station du chemin de fer du Nord.

FIN.

TABLE.

—

FIN DE LA TABLE.

AVIS.

M. Ad. GUERARD recevra, avec la plus vive reconnaissance, toutes les observations qui lui seront adressées pour l'intérêt et le développement de cette petite Géographie départementale.

Vouloir bien écrire franco à M. Guerard, Maître de pension, à Avize (Marne).

Un autre exemplaire sera immédiatement substitué à l'exemplaire qui aura servi à recueillir les notes confiées à l'auteur.

Abbeville. — Imp. de T. Jeunel, rue Saint-Gilles, 108.

LIBRAIRIE ÉLÉMENTAIRE DE E. DUCROCQ,

10, Rue Hautefeuille, au Premier,

PRÈS LA PLACE SAINT-ANDRÉ-DES-ARTS, A PARIS.

—

GÉOGRAPHIES DÉPARTEMENTALES :

Géographie départementale historique du Cher, à l'usage des Ecoles primaires, par MM. PINET, Inspecteur des Ecoles primaires, et AD. GUERARD, Maître de Pension. Prix cartonné.   75 c.

Géographie départementale historique de Loir-et-Cher, suivie d'un Précis de Géographie générale, à l'usage des Ecoles primaires, par MM. PINET, Inspecteur des Ecoles primaires, et AD. GUERARD, Maître de de Pension. Prix cartonné.   75 c.

Géographie départementale historique des Ardennes, à l'usage des Ecoles primaires, par MM. PINET, Inspecteur des Ecoles primaires, et AD. GUERARD, Maître de Pension. Prix cartonné.   75 c.

Géographie départementale historique de l'Aube, suivie d'un Précis de Géographie générale, à l'usage des Ecoles primaires, par MM. PINET, Inspecteur des Ecoles primaires, et AD. GUERARD, Maître de Pension. Prix cartonné.   75 c.

Géographie départementale historique de la Haute-Marne, à l'usage des Ecoles primaires, par MM. PINET, Inspecteur des Ecoles primaires, et AD. GUERARD, Maître de Pension. Prix cartonné.   75 c.

Géographie départementale historique du Nord, à l'usages des Ecoles primaires, par MM. PINET, Inspecteur des Ecoles primaires, et AD. GUERARD, Maître de Pension. Prix cartonné.   75 c.

Géographie départementale historique de l'Oise, à l'usage des Ecoles primaires, par MM. PINET, Inspecteur des Ecoles primaires, et AD. GUERARD, Maître de Pension. Prix cartonné.   75 c.

ÉCRITURE.

Écriture anglaise (l') enseignée en 12 leçons, par WER-DET, élégant petit cahier. 30 c.

Calligraphie du jeune âge, par DEPETITEPIERRE, en grosse, moyenne et fine anglaise, le *cent* de feuilles. 10 fr.

Leçons d'Écriture utilisées, cahier de 15 modèles d'écriture en fin sur la grammaire, par H.-A. DUPONT. 1 fr.

Catéchisme agricole à l'usage des écoles rurales, par Michel GRFF, 3ᵉ édition. 1 vol. in-18, prix cart. 60 c.

Nouvelles Lectures Graduées. Conversations et Historiettes, par H.-A. DUPONT.

Première partie. — 28ᵉ *édition*, imprimée en *très-gros caractères*, et présentant dans les cinquante premières pages des phrases uniquement composées de mots monosyllabiques. 1 vol. in-18. Prix, cartonné avec dos en toile. 60 c.

AVEC CETTE ÉPIGRAPHE :

Nous n'aimons à lire que ce que nous comprenons.

Ouvrage approuvé par le Conseil supérieur de l'Instruction publique.

Abbeville. — Imp. T. Jeunet, rue Saint-Gilles, 108.

www.ingramcontent.com/pod-product-compliance
Lightning Source LLC
Chambersburg PA
CBHW052129090426

42741CB00009B/2016